AF283141

Digitalización y RRSS como estrategia corporativa

avanza editorial

Editado por:
EDITORIAL FAE, S.L.U.
Correo electrónico: editorial@editorialfae.com

Digitalización y RRSS como estrategia corporativa
Alexandre Hermida Mondelo

1ª Edición

ISBN: 978-84-1135-354-0

Impreso en España

Índice

Módulo 3. *Email Marketing*

Aplicaciones prácticas

Ejercicio de evaluación final

Solucionario

Bibliografía

Módulo 1. *E-commerce*

Introducción

En la era actual, donde la digitalización está reformando casi todos los aspectos de nuestras vidas, el comercio electrónico ha emergido como una parte esencial de la economía global. Esta unidad se centrará en proporcionar una comprensión sólida de este fenómeno emergente.

Se va a comenzar explorando los conceptos básicos y los modelos de negocio del comercio electrónico, lo que nos permitirá entender cómo las tecnologías digitales han redefinido las formas de comercio y han influenciado las estrategias de *marketing*. Aquí se estudiará cómo el
comercio electrónico se diferencia de las formas tradicionales de comercio y cómo se clasifica en diferentes modelos, desde el B2B hasta el C2C.

Luego, se va a abordar el campo de las leyes y regulaciones del comercio electrónico. Comprender la normativa fiscal, la protección de datos y la seguridad en las transacciones en línea no solo es fundamental para garantizar el cumplimiento legal, sino también para proteger a los consumidores y ganar su confianza.

Se continuará explorando la gestión de transacciones y la comunicación en el comercio electrónico, aspectos fundamentales para la operación diaria de cualquier empresa de comercio electrónico. En este segmento veremos cómo manejar eficientemente las transacciones, desde el proceso de pedido hasta la entrega, entendiendo la importancia de la comunicación efectiva con los clientes.

Por último, se hablará sobre cómo se puede añadir valor en un entorno de comercio electrónico. Esta sección nos permitirá aprender cómo diferenciar productos, mejorar la experiencia del cliente y desarrollar una propuesta de valor única.

En definitiva, el objetivo de esta unidad es obtener una comprensión sólida de los elementos fundamentales del comercio electrónico y aprender cómo aplicar este conocimiento en situaciones prácticas. Esto nos permitirá navegar y tener éxito en el dinámico mundo del comercio electrónico.

Objetivos

- Entender el concepto y los modelos de negocio del comercio electrónico: Comprender cómo las tecnologías digitales han transformado las formas tradicionales de comercio y cómo estos cambios afectan a los modelos de negocio y las estrategias de *marketing*.
- Conocer las leyes y regulaciones del comercio electrónico: Adquirir conocimientos sobre las leyes y regulaciones que rigen las transacciones en línea, incluyendo la protección de datos y las políticas de privacidad, para garantizar el cumplimiento y proteger a los consumidores.
- Comprender la gestión de transacciones y la comunicación en el comercio electrónico: Adquirir habilidades para manejar transacciones, desde el proceso de pedido hasta la entrega, y reconocer la importancia de la comunicación efectiva con los clientes.
- Identificar formas de creación de valor en un entorno de comercio electrónico: Aprender cómo se puede añadir valor a través de la diferenciación de productos, la mejora de la experiencia del cliente y el desarrollo de una propuesta de valor única.

Módulo 1. E-commerce

1. Conocimiento del comercio electrónico y sus singularidades respecto al comercio tradicional

El comercio electrónico es un término que ha cambiado la forma en que las empresas operan en la economía moderna. En su nivel más básico, el comercio electrónico se refiere a la compra y venta de bienes y servicios a través de *Internet*. Sin embargo, hay mucho más en esta definición de lo que parece a primera vista.

El **comercio electrónico**, también conocido como *e-commerce*, se refiere al proceso de compra, venta, transferencia o intercambio de productos, servicios y/o información a través de *Internet*. Se distingue del comercio tradicional por el hecho de que las transacciones se realizan digitalmente, no físicamente.

1.1. Conceptos básicos

El comercio electrónico puede parecer un concepto sencillo a primera vista, pero tiene muchas capas y subcategorías. A continuación, se presentan algunos conceptos clave para entender mejor el comercio electrónico.

El comercio electrónico ofrece una serie de ventajas, como:

- **Comodidad**: Los consumidores pueden comprar productos y servicios desde la comodidad de su hogar en cualquier momento del día.
- **Mayor alcance de mercado**: Las empresas pueden llegar a un público más amplio que no está limitado por la geografía.
- **Costos reducidos**: Al no necesitar una tienda física, las empresas pueden ahorrar en alquiler, facturas de servicios públicos y otros costos asociados con la operación de un espacio físico.
- **Personalización**: Las empresas pueden ofrecer experiencias de compra personalizadas basadas en los datos del cliente.

A pesar de sus ventajas, también existen algunas desventajas del comercio electrónico:

- **Falta de interacción personal**: Algunos clientes prefieren la experiencia de compra en persona y el contacto directo con los vendedores.
- **Retrasos en la entrega**: A diferencia de las compras en tiendas físicas, los productos comprados en línea requieren tiempo para ser enviados y entregados.
- **Seguridad y privacidad**: Los clientes pueden tener preocupaciones sobre la seguridad de sus datos personales y de pago en línea.

El comercio electrónico ha sido una parte integral del mundo moderno y la economía digital. Sin embargo, no siempre ha sido así. A lo largo de las últimas décadas, el comercio electrónico ha pasado de ser una idea futurista a ser una parte integral de la vida cotidiana. El comercio electrónico, como se le conoce hoy, no existía antes de la invención de *Internet*; sin embargo, los primeros avances que sentaron las bases para el comercio electrónico moderno se remontan a varias décadas atrás.

Se muestra, a continuación, la historia de comercio electrónico desde los años 60 hasta el año 2010:

A. Años 60: el nacimiento de EDI

En la década de 1960, las empresas comenzaron a usar *Electronic Data Interchange* (EDI) para compartir documentos comerciales con otras empresas. El EDI era una nueva forma de enviar datos de una computadora a otra de manera electrónica, en lugar de tener que enviar documentos físicos por correo o fax.

Fue en 1960 cuando las empresas empezaron a compartir documentos electrónicamente utilizando sistemas EDI. Este sistema permitía a las empresas enviar y recibir datos en un formato estandarizado, lo que eliminaba la necesidad de volver a ingresar los datos manualmente. El EDI también permitía una mayor velocidad y eficiencia en las transacciones comerciales.

El primer estándar EDI, llamado ANSI X12, fue publicado en 1979. Este estándar permitió que diferentes sistemas de computadoras pudieran comunicarse entre sí, lo que allanó el camino para la automatización de las transacciones comerciales.

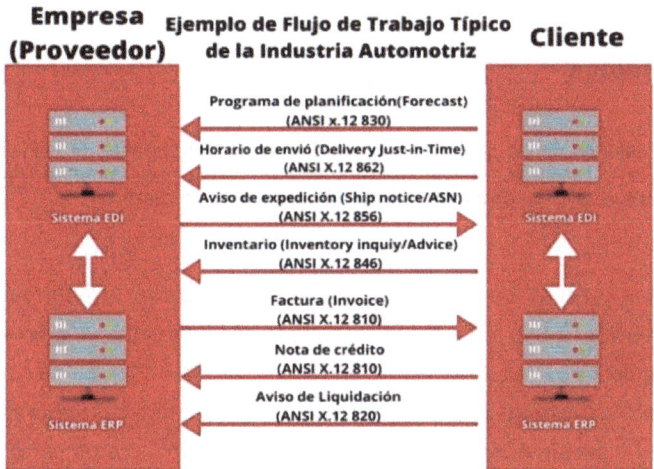

Fig. 1. Ejemplo de proceso ANSI X12

B. Años 70: el advenimiento del tele - *shopping*

A finales de la década de 1970, el comercio electrónico dio otro salto significativo con la invención del "tele - *shopping*". En 1979, el empresario inglés, Michael Aldrich, conectó un televisor modificado a una línea telefónica, creando así el primer sistema de compra en línea del mundo.

Este sistema permitía a los usuarios realizar pedidos de productos a través de un televisor, utilizando una línea telefónica para transmitir la información de la transacción. Los usuarios podían usar un teclado para ingresar su información de pedido y enviarla a la empresa a través de la línea telefónica.

Aunque no era exactamente lo que consideraríamos comercio electrónico hoy en día, esta fue una de las primeras instancias de compra de bienes a través de medios electrónicos.

Aunque el sistema de Aldrich no se utilizaba para realizar transacciones en tiempo real, ni permitía a los usuarios ver una gama de productos en línea, introdujo la idea de que las transacciones comerciales podían realizarse electrónicamente.

Anotación

El sistema de Aldrich fue la precursora de las modernas plataformas de comercio electrónico, que permiten a los usuarios explorar una variedad de productos, comparar precios y realizar pedidos de productos, todo desde la comodidad de sus propias casas.

Estos primeros avances fueron fundamentales en la creación de la infraestructura y las ideas que permitirían el desarrollo del comercio electrónico a gran escala en las décadas siguientes. Aunque estos sistemas estaban lejos de ser perfectos, representaron un cambio importante en la forma en que las empresas realizaban transacciones y sentaron las bases para el comercio electrónico tal como lo conocemos hoy.

C. El auge del comercio electrónico: 1984 y Tesco

En 1984, el mundo presenció un hito importante en la evolución del comercio electrónico. En Gateshead, Inglaterra, la cadena de supermercados Tesco, en colaboración con el Consejo del Condado
de Gateshead y el inventor de la teletienda, Michael Aldrich, lanzó el primer servicio de compras en línea del mundo, conocido como "Gatehead SIS/Tesco".

Fig. 2. Tesco es una de las cadenas de supermercados más importantes del Reino Unido

Este sistema revolucionario, que se denominó teletienda o *telemarketing*, permitía a los usuarios seleccionar los productos desde su hogar, utilizando un dispositivo remoto. El dispositivo estaba conectado a su televisor y a una línea telefónica, lo que permitía a los usuarios "navegar" por los diferentes productos disponibles, seleccionar los que deseaban comprar y realizar su pedido de manera electrónica.

Un aspecto clave de este sistema fue que los productos se entregaban directamente en el hogar del comprador, lo que facilitaba mucho la experiencia de compra para personas que tenían dificultades para desplazarse, como los ancianos y las personas con discapacidades físicas.

La primera persona en utilizar este sistema fue Jane Snowball, una anciana de 72 años. Utilizó el sistema para pedir productos de comestibles, creando así la primera transacción de comercio electrónico registrada en la historia. A través de un mando a distancia, Jane pudo seleccionar los productos que quería comprar en la pantalla de su televisor y luego enviar su pedido a Tesco a través de la línea telefónica.

El sistema de Tesco fue innovador en su momento y marcó el comienzo de una nueva era en la forma en que las personas compraban bienes y servicios. Aunque en aquel entonces el sistema era rudimentario en comparación con las sofisticadas plataformas de comercio electrónico que tenemos hoy en día, estableció una base importante y demostró el potencial de la venta minorista en línea.

D. Los 90: nacimiento de la *web* y avance del comercio electrónico

A principios de la década de 1990, el comercio electrónico dio un salto cuántico gracias al desarrollo de nuevas tecnologías y plataformas.

Uno de los desarrollos más importantes fue la creación del Protocolo de Transferencia de Hipertexto Seguro (HTTPS), una versión más segura del Protocolo de Transferencia de Hipertexto (HTTP). Este protocolo es esencial para el comercio electrónico ya que encripta los datos que se envían y se reciben, lo que permite a las personas enviar información de tarjetas de crédito y otros datos sensibles en línea de manera segura.

Esta tecnología de encriptación jugó un papel fundamental en el desarrollo del comercio electrónico, ya que proporcionó la seguridad necesaria para que las transacciones en línea fueran confiables y seguras para los consumidores. Sin HTTPS, las transacciones de comercio electrónico podrían ser fácilmente interceptadas por terceros malintencionados, lo que hubiera frenado el desarrollo del comercio electrónico.

En 1995, dos de los gigantes del comercio electrónico, Amazon y eBay, fueron lanzados. Amazon comenzó como una librería en línea, con la visión de su fundador Jeff Bezos de crear la tienda más grande del mundo en *Internet*. Por otro lado, eBay se lanzó como un mercado en línea para la venta de bienes usados.

Fig. 3. Web de Amazon en 1995

 **Anotación**

Ambas empresas han jugado un papel determinante en la popularización del comercio electrónico, demostrando que las compras en línea podían ser tanto convenientes como seguras. Desde su lanzamiento, Amazon y eBay han expandido sus ofertas de productos y han continuado innovando en el espacio del comercio electrónico.

E. Finales de los 90: la burbuja de las punto-com

A finales de los años 90, las empresas de *Internet* estaban en auge. Esta época, conocida como la burbuja de las Punto-Com, vio un auge masivo en la creación y la valoración bursátil de empresas basadas en *Internet*, incluyendo muchas empresas de comercio electrónico.

Se creía que las empresas en línea, especialmente aquellas relacionadas con el comercio electrónico, transformarían la economía y los mercados tradicionales. Esto llevó a una especulación desenfrenada y a una subida masiva en el valor de las acciones de estas empresas.

Sin embargo, la burbuja estalló en el año 2000. Muchas de las empresas que habían sido valoradas en miles de millones de dólares se encontraron de repente sin un modelo de negocio sostenible y sin una forma clara de alcanzar la rentabilidad. Esto condujo a la quiebra de muchas empresas de comercio electrónico, en lo que se conoció como el "estallido de la burbuja de las Punto-Com".

Pese a este revés, las empresas que sobrevivieron al estallido de la burbuja, como Amazon y eBay, continuaron innovando y creciendo, estableciendo el camino para el auge del comercio electrónico que veríamos en las próximas décadas.

F. Principios de los años 2000: auge del *M-Commerce*

En la década de 2000, la evolución de la tecnología móvil cambió drásticamente la forma en que los consumidores interactuaban con las tiendas en línea. Los smartphones se convirtieron en una herramienta común para muchas personas, lo que abrió la puerta a una nueva forma de hacer comercio: el M-Commerce o comercio móvil.

Fig. 4. El M-Commerce permite comprar desde cualquier lugar

 **Vocabulario**

El **M-Commerce** es la compra y venta de bienes y servicios a través de dispositivos móviles, como *smartphones* o *tablets*. Esta forma de comercio electrónico permite a los consumidores comprar productos desde cualquier lugar y en cualquier momento, siempre que tengan una conexión a *Internet*.

A medida que los smartphones se volvieron más potentes y más accesibles, la cantidad de personas que los utilizaban para hacer compras en línea creció exponencialmente. Los consumidores podían buscar productos, comparar precios y realizar compras con solo unos pocos toques en la pantalla, lo que hacía que el proceso de compra fuera extremadamente conveniente.

Consciente de este cambio en el comportamiento del consumidor, las empresas de comercio electrónico comenzaron a adaptarse para satisfacer las demandas de los consumidores móviles. Esto implicaba optimizar sus sitios *web* para dispositivos móviles, asegurándose de que los sitios *web* fueran fácilmente navegables en pantallas más pequeñas y que las páginas se cargaran rápidamente para los usuarios móviles.

Además, algunas empresas de comercio electrónico lanzaron aplicaciones móviles dedicadas para facilitar aún más las compras en línea. Estas aplicaciones a menudo ofrecían una experiencia de usuario más fluida y personalizada, y a veces ofrecían características adicionales, como notificaciones de ofertas y la posibilidad de guardar productos preferidos.

G. Años 2010: *Social Commerce* **y** *Omnichannel Retailing*

La década de 2010 trajo consigo nuevas tendencias que remodelaron el comercio electrónico, dos de las más significativas fueron el *Social Commerce* y el *Omnichannel Retailing.*

El Social Commerce es el uso de las redes sociales para promocionar y vender productos y servicios. A medida que plataformas como Facebook, Instagram y Pinterest se volvieron más populares, las

Fig. 5. El Social Commerce se apoya en las redes sociales para vender productos y servicios

empresas comenzaron a explorar formas de vender directamente a través de estas plataformas.

Las redes sociales permiten a las empresas llegar a los consumidores donde ya pasan su tiempo, y proporcionan una forma de promocionar los productos a través de la publicidad dirigida y los *influencers*. Además, muchas de estas plataformas han incorporado características de comercio electrónico, como botones de compra y tiendas integradas, para permitir a los usuarios comprar productos directamente en la plataforma.

Instagram lanzó Instagram Shopping en 2018, que permite a las empresas etiquetar productos en sus publicaciones que los usuarios pueden comprar directamente en la aplicación. Esta tendencia de social commerce ha dado lugar a una nueva era de compras en línea, donde las líneas entre las redes sociales y el comercio electrónico se han vuelto cada vez más borrosas.

Otra tendencia que surgió en la década de 2010 fue el *Omnichannel Retailing*. Esto se refiere a la integración de todas las plataformas y canales de venta de una empresa (tiendas físicas, sitios *web* de comercio electrónico, aplicaciones móviles, redes sociales, etc.) para proporcionar una experiencia de compra cohesiva y centrada en el cliente.

El objetivo del *Omnichannel Retailing* es permitir a los clientes comprar e interactuar con una marca de la manera que prefieran, ya sea en una tienda física, en línea, a través de una aplicación móvil o en las redes sociales. Esto significa que la experiencia de compra debe ser consistente y sin interrupciones, independientemente del canal que elija el cliente

Anotación

En *omnichannel Retailing*, la empresa puede ofrecer la misma selección de productos y la misma calidad de servicio al cliente en todos sus canales.

Una empresa que practica el *Omnichannel Retailing* podría permitir a los clientes comprar un producto en línea y recogerlo en la tienda, o devolver un producto comprado en línea a una tienda física.

Estas dos tendencias, el *Social Commerce* y el *Omnichannel Retailing*, representan la continua evolución del comercio electrónico para adaptarse a las cambiantes preferencias y comportamientos de los consumidores.

Por otro lado, el comercio ha sido una parte integral de la sociedad humana desde tiempos inmemoriales. Aunque el comercio tradicional (también conocido como comercio físico) sigue siendo relevante, la llegada del comercio electrónico ha cambiado drásticamente el panorama del comercio mundial.

Para entender mejor las diferencias y similitudes entre el comercio electrónico y el comercio tradicional, se deben explorar varios aspectos, incluyendo la experiencia del cliente, la accesibilidad, los costos, el inventario y la personalización:

A. Experiencia del cliente

Con relación a la experiencia del cliente, se encuentran las siguientes diferencias:

1. Comercio tradicional

La experiencia del cliente en el comercio tradicional es palpable. Los clientes pueden tocar, probar y sentir los productos antes de comprarlos. Por ejemplo, en una tienda de ropa, los clientes pueden probarse diferentes prendas para ver cómo les quedan.

El comercio tradicional también ofrece interacción humana. Los clientes pueden interactuar directamente con el personal de ventas, hacer preguntas y recibir respuestas inmediatas.

Sin embargo, los clientes deben viajar a la tienda física para realizar sus compras, lo que puede ser inconveniente dependiendo de la distancia, el tráfico, el clima y otros factores.

2. Comercio electrónico

En el comercio electrónico, la experiencia del cliente es virtual. Los clientes no pueden tocar ni probar los productos antes de comprarlos. Sin embargo, los avances en la tecnología de visualización de productos, como las imágenes en 3D y la realidad aumentada, están comenzando a reducir esta brecha.

El comercio electrónico ofrece comodidad. Los clientes pueden comprar desde la comodidad de su hogar en cualquier momento del día o de la noche. Además, los productos se entregan directamente en la puerta del cliente.

Sin embargo, el comercio electrónico puede carecer de la interacción humana que se encuentra en el comercio tradicional. Aunque los *chatbots* y el servicio de atención al cliente en línea están disponibles, no pueden replicar completamente la interacción humana en tiempo real.

Fig. 6. La interacción humana se pierde en el comercio electrónico

B. Accesibilidad

En cuanto a la accesibilidad, cabe destacar las siguientes diferencias:

- **Comercio Tradicional**: Las tiendas físicas tienen horarios de apertura y cierre, lo que limita cuándo los clientes pueden realizar sus compras.

  Las tiendas físicas también tienen una ubicación geográfica específica, lo que significa que no pueden servir a los clientes que viven en zonas lejanas a menos que estos estén dispuestos a viajar.

- **Comercio Electrónico**: Las tiendas en línea están abiertas las 24 horas del día, los 7 días de la semana.

Esto significa que los clientes pueden comprar a cualquier hora que les convenga. A través del comercio electrónico, las empresas pueden llegar a clientes de todo el mundo. Esto significa que los clientes pueden comprar productos que no están disponibles en su área geográfica local.

C. Costos

En cuanto a los costos, también existen algunas diferencias:

- **Comercio Tradicional**: Las empresas incurren en gastos de alquiler de la tienda, mantenimiento, servicios públicos y personal. Sin embargo, no tienen que preocuparse por los costos de envío y manejo que son comunes en el comercio electrónico.

- **Comercio Electrónico**: Las empresas de comercio electrónico ahorran en los gastos de mantenimiento de una tienda física. Sin embargo, pueden incurrir en otros costos, como el alojamiento *web*, el diseño y mantenimiento del sitio *web*, y los costos de envío y manejo.

  Los costos de envío a menudo se trasladan al cliente, aunque algunos minoristas ofrecen envío gratuito para hacer que sus ofertas sean más atractivas.

D. Inventario

Las diferencias en el inventario también son evidentes:

- **Comercio Tradicional**: Las tiendas físicas tienen espacio limitado para el inventario. Esto puede limitar la variedad de productos que una tienda puede ofrecer. Sin embargo, los productos están disponibles inmediatamente después de la compra.

- **Comercio Electrónico**: Las tiendas en línea pueden tener un amplio inventario, ya que los productos se guardan en almacenes en lugar de en un espacio de venta al público. Esto permite a las tiendas en línea ofrecer una amplia variedad de productos. No obstante, los productos deben ser enviados después de la compra, lo que significa que los clientes tienen que esperar para recibirlos.

Fig. 7. En el comercio electrónico, el cliente no puede disponer de los productos en el momento en el que realiza la compra

E. Personalización

El último aspecto en el que se evidencian diferencias es en cuanto a la personalización:

- **Comercio Tradicional**: Ofrece una experiencia de compra personalizada a través de la interacción humana. El personal de ventas puede recomendar productos basados en las necesidades y preferencias del cliente.

- **Comercio Electrónico**: Puede ofrecer una experiencia de compra personalizada utilizando tecnologías de recopilación de datos y análisis. Las tiendas en línea pueden recomendar productos basados en el historial de compras y de navegación del cliente. Además, pueden personalizar la experiencia de compra mostrando anuncios y ofertas personalizadas.

Recuerda

Tanto el comercio electrónico como el comercio tradicional tienen sus propias ventajas y desventajas. La elección entre uno u otro depende de las necesidades y preferencias individuales del consumidor.

Ejemplo

Un cliente que valora la comodidad y la variedad de productos puede preferir el comercio electrónico, mientras que un cliente que valora la interacción humana y la experiencia sensorial puede preferir el comercio tradicional.

Además, hay una creciente tendencia hacia la combinación de los dos en una estrategia de comercio *omnicanal*, donde las empresas buscan proporcionar una experiencia de compra coherente y fluida a través de múltiples canales de venta, tanto físicos como digitales.

Esto permite a los clientes, por ejemplo, comprar productos en línea y recogerlos en una tienda física, o probar productos en una tienda física y luego comprarlos en línea. Las empresas que adoptan un enfoque *omnicanal* pueden ofrecer lo mejor de ambos mundos, satisfaciendo una amplia gama de necesidades y preferencias de los clientes.

1.2. Tipos

El comercio electrónico no se limita a una única forma o modelo. De hecho, se ha diversificado en diferentes tipos para adaptarse a diferentes contextos y necesidades. En este apartado vamos a discutir los principales tipos de comercio electrónico, y los ámbitos en los que se aplican.

Cada uno de estos tipos de comercio electrónico tiene sus propios beneficios y desafíos, y puede ser más o menos adecuado dependiendo del tipo de producto o servicio, el mercado objetivo, la estrategia de la empresa y otros factores.

El comercio electrónico también puede variar en términos de ámbito. Puede ser local, nacional o internacional, dependiendo de dónde estén ubicados los compradores y vendedores.

Una pequeña tienda de comestibles que ofrece entregas a domicilio en su área local a través de un sitio *web* o una aplicación móvil estaría operando en el ámbito local de comercio electrónico. Por otro lado, una gran empresa de electrónica que vende productos a consumidores de todo el mundo a través de su sitio *web* estaría operando en el ámbito internacional de comercio electrónico.

A continuación, se exponen los diversos tipos de comercio electrónico:

A. Comercio electrónico B2C (*Business-to-Consumer*)

Fig. 8. En este modelo, las empresas venden sus productos o servicios directamente a los consumidores finales

El modelo B2C, que significa *Business-to-Consumer*, o negocio a consumidor, es la forma más conocida y visible de comercio electrónico. Este tipo de comercio electrónico se manifiesta en una variedad de formas y escalas. Puede involucrar a minoristas en línea que venden productos físicos, proveedores de servicios digitales que ofrecen servicios en línea o incluso empresas que venden productos digitales, como *software* o contenido multimedia.

El modelo B2C ha sido muy beneficiado por la evolución del *Internet*, permitiendo a los consumidores realizar compras desde la comodidad de sus hogares, oficinas, o incluso mientras están en tránsito a través de dispositivos móviles. La conveniencia, la velocidad y, en muchos casos, los precios competitivos que ofrece el comercio electrónico B2C han impulsado su popularidad entre los consumidores.

Ejemplo

Un excelente ejemplo de una empresa B2C es Amazon. Fundada en 1994 por Jeff Bezos, Amazon comenzó como una librería en línea y desde entonces ha crecido hasta convertirse en el minorista en línea más grande del mundo, ofreciendo todo, desde libros y electrónica, hasta ropa, comestibles, y más.

Amazon ha sido un pionero en muchos aspectos del comercio electrónico B2C, incluyendo la personalización de la experiencia de compra basada en el historial de compras del cliente, la revisión de productos por parte de los usuarios, y un enfoque en la logística eficiente y la entrega rápida.

ASOS también ha logrado un gran éxito en el comercio electrónico B2C gracias a su amplio rango de productos, sus opciones de entrega flexible, y su hábil uso de las redes sociales para interactuar con su base de clientes.

Fig. 9. ASOS es un minorista de moda en línea británico que se dirige a los jóvenes adultos

Los beneficios del comercio electrónico B2C son evidentes tanto para las empresas como para los consumidores. Las empresas pueden llegar a una base de clientes global, ofrecer un servicio personalizado y recopilar datos valiosos sobre el comportamiento del consumidor. Los consumidores, por otro lado, se benefician de la conveniencia de comprar en cualquier momento y lugar, la capacidad de comparar precios y productos, y a menudo tienen acceso a una gama más amplia de productos que los que están disponibles localmente.

A pesar de estos beneficios, también hay desafíos asociados con el comercio electrónico B2C. Las empresas deben invertir en infraestructura tecnológica, lidiar con la competencia intensa, y garantizar la seguridad de las transacciones en línea. Además, la logística de la entrega de productos, especialmente en el ámbito internacional, puede ser compleja y costosa.

Recuerda

En general, el comercio electrónico B2C ha cambiado radicalmente la forma en que compramos, ofreciendo nuevas oportunidades y desafíos tanto para las empresas como para los consumidores.

B. Comercio electrónico B2B (Business-to-Business)

El comercio electrónico B2B (Business-to-Business, o de negocio a negocio) es una forma de transacción comercial en la que las empresas hacen negocios con otras empresas, en lugar de hacerlo directamente con los consumidores. Este tipo de comercio electrónico suele implicar la compra y venta de componentes o servicios entre empresas.

A diferencia del comercio B2C, que a menudo involucra transacciones de un solo artículo, las transacciones B2B a menudo implican la compra de grandes cantidades de productos o servicios, lo que puede resultar en grandes volúmenes de ventas y, a menudo, en relaciones a largo plazo entre las empresas involucradas. Esto puede incluir la compra de materias primas, partes y componentes que serán utilizados en el proceso de producción, o servicios que apoyarán las operaciones de la empresa.

Las transacciones B2B son a menudo más complejas que las transacciones B2C, requiriendo sistemas y procesos más sofisticados para manejar factores como los términos de crédito, la entrega a granel y la logística de la cadena de suministro. Además, las relaciones B2B pueden implicar acuerdos contractuales que estipulan términos y condiciones específicos para las transacciones.

El comercio electrónico B2B es una parte muy importante de la economía moderna, permitiendo a las empresas operar de manera más eficiente y efectiva. Con su capacidad para conectar a empresas de todo el mundo y facilitar transacciones de gran volumen, el comercio electrónico B2B desempeña un papel clave en la economía global.

Un ejemplo de una plataforma de comercio electrónico B2B es Alibaba. Alibaba es una plataforma en línea que permite a las empresas de todo el mundo comprar productos al por mayor directamente de los fabricantes.

A diferencia de la mayoría de las tiendas de comercio electrónico B2C, que venden productos en pequeñas cantidades a consumidores individuales, Alibaba está diseñado para facilitar transacciones de gran volumen entre empresas.

Fig. 10. En Alibaba, los minoristas pueden buscar fabricantes que produzcan los productos que desean vender, negociar precios y hacer pedidos

C. Comercio electrónico C2C (Consumer-to-Consumer)

El comercio electrónico C2C, también conocido como *Consumer-to-Consumer* o consumidor a consumidor, es un modelo de negocio en el que los consumidores venden directamente a otros consumidores. En lugar de comprar a empresas o tiendas, los clientes compran a otros individuos. Este tipo de comercio electrónico se facilita a menudo a través de una tercera parte o plataforma que proporciona la infraestructura y el entorno para las transacciones C2C.

En la mayoría de los casos, estas plataformas operan como mercados en línea donde los consumidores pueden listar y vender sus propios bienes o servicios. Estos mercados actúan como intermediarios, proporcionando la tecnología y las herramientas necesarias para facilitar las transacciones, así como medidas de seguridad y protección al consumidor. A cambio, las plataformas suelen cobrar una tarifa o comisión por cada venta.

Ejemplo

EBay es un ejemplo perfecto de una plataforma C2C. Fundada en 1995, eBay permite a los consumidores listar y vender una amplia variedad de bienes, desde ropa y juguetes hasta coches y bienes inmuebles. Los compradores pueden pujar por los artículos en una subasta o comprarlos directamente, y eBay proporciona protección al comprador para garantizar que las transacciones se realicen de forma justa y segura.

Craigslist es otro ejemplo de una plataforma C2C. Los usuarios pueden buscar y responder a los anuncios en su área local, y las transacciones se realizan directamente entre el comprador y el vendedor sin la intervención de Craigslist.

Fig. 11. Craigslist permite a los usuarios publicar anuncios clasificados para una amplia variedad de bienes y servicios

El comercio electrónico C2C tiene varias ventajas. Permite a los consumidores vender bienes que ya no necesitan, proporcionando una forma fácil y conveniente de reciclar o reutilizar los artículos. También puede ofrecer precios más bajos, ya que los consumidores a menudo venden artículos usados o de segunda mano. Sin embargo, también existen desafíos, incluyendo el riesgo de fraudes y estafas, y la dificultad de resolver disputas sin la intervención de un tercero.

D. Comercio electrónico C2B (Consumer-to-Business)

El comercio electrónico C2B (*Consumer-to-Business*, o de consumidor a negocio) es un modelo de comercio electrónico que se caracteriza por la transacción de productos o servicios donde los consumidores (individuos) son los que venden a las empresas. Aunque este modelo es menos común que los modelos B2C, B2B y C2C, sigue siendo una parte importante del paisaje del comercio electrónico.

En el modelo C2B, los consumidores crean valor y las empresas consumen ese valor. Por ejemplo, un *freelancer* que vende sus habilidades y servicios a una empresa es un tipo de transacción C2B. Los consumidores pueden ofrecer sus servicios a las empresas, que a su vez pagan por ellos. Este modelo les da a los consumidores la oportunidad de aprovechar sus habilidades y talentos para beneficiarse de las empresas que necesitan dichos servicios.

Una de las ventajas del comercio electrónico C2B es que permite a los individuos competir con las empresas en términos más equitativos. Los consumidores ya no están limitados a ser simples compradores de productos y servicios; ahora pueden ser proveedores también.

Ejemplo

Un buen ejemplo de un sitio *web* de comercio electrónico C2B es 99designs. 99designs es una plataforma en línea que permite a los diseñadores gráficos de todo el mundo ofrecer sus servicios a las empresas. Las empresas publican sus requerimientos para un diseño (por ejemplo, un logotipo, una página *web*, un diseño de camiseta, etc.) y los diseñadores pueden presentar sus propuestas. Luego, la empresa elige el diseño que más le gusta y paga al diseñador por su trabajo.

En este caso, la plataforma actúa como intermediario, facilitando las transacciones entre consumidores y empresas y proporcionando un espacio donde pueden encontrarse y hacer negocios.

Fig. 12. 99Designs facilita que diseñadores vendan sus servicios a empresas

 **Anotación**

El comercio electrónico C2B ha permitido a los individuos monetizar sus habilidades y talentos de formas que antes no eran posibles, proporcionando a las empresas un acceso más fácil a un espectro más amplio de servicios y talentos.

E. Comercio electrónico B2G (Business-to-Government)

El comercio electrónico B2G (*Business-to-Government*, o de negocio a gobierno) es una variante del comercio electrónico que se refiere a las transacciones y la interacción entre empresas y organismos gubernamentales. En esencia, este modelo cubre todas las transacciones comerciales en línea que ocurren entre empresas y entidades gubernamentales, y está estructurado para ayudar a los gobiernos a realizar su trabajo de manera más eficiente.

En el modelo B2G, las empresas proporcionan varios tipos de productos y servicios a los gobiernos, a nivel local, estatal o federal. Estos productos y servicios pueden variar ampliamente dependiendo de las necesidades del gobierno en cuestión y pueden incluir todo, desde suministros de oficina y equipamiento hasta tecnología de la información, infraestructuras, servicios de consultoría y mucho más.

A menudo, las transacciones B2G implican grandes contratos, dado que los gobiernos suelen hacer compras en grandes cantidades. Además, este tipo de transacciones suele ser más formal y regulado, ya que involucra el uso de fondos públicos. En muchos casos, las entidades gubernamentales están obligadas a seguir un proceso de licitación en el que varias empresas compiten para ganar el contrato, lo que ayuda a asegurar que el gobierno obtenga el mejor valor posible.

Una empresa que desarrolla y vende soluciones de software de gestión de bases de datos podría competir en una licitación para proporcionar su software a una agencia gubernamental. La empresa tendría que demostrar no solo la calidad y la fiabilidad de su software, sino también su capacidad para proporcionar asistencia y soporte a largo plazo.

Por otro lado, una empresa de suministros de oficina podría tener un contrato para proporcionar a las oficinas gubernamentales diversos productos, como papel, bolígrafos, muebles de oficina y más. Esto implicaría no solo la venta de productos, sino también la gestión de la entrega y posiblemente incluso del inventario.

El comercio electrónico B2G ofrece a las empresas la oportunidad de trabajar con un cliente grande y fiable. Sin embargo, también puede presentar desafíos, ya que este tipo de transacciones a menudo implican una gran cantidad de burocracia y pueden requerir largos periodos de tiempo para recibir el pago. A pesar de estos desafíos, el comercio electrónico B2G sigue siendo un área de crecimiento en el ámbito del comercio electrónico.

F. Comercio electrónico G2B (Government-to-Business)

El comercio electrónico G2B (*Government-to-Business*) es una variante del comercio electrónico que se refiere a las transacciones y la interacción entre los gobiernos y las empresas. En el modelo G2B, las entidades gubernamentales utilizan tecnologías digitales para proporcionar servicios, información y transacciones a las empresas.

Este modelo de comercio electrónico cubre una amplia gama de interacciones y puede tener un impacto significativo en la forma en que las empresas operan. Por ejemplo, un gobierno puede ofrecer una plataforma en línea donde las empresas pueden presentar formularios de impuestos, solicitar permisos o licencias, participar en licitaciones, registrar una empresa y realizar muchas otras tareas relacionadas con el cumplimiento de las regulaciones gubernamentales.

Una de las principales ventajas del comercio electrónico G2B es que puede hacer que las interacciones con el gobierno sean mucho más eficientes para las empresas. En lugar de tener que visitar una oficina gubernamental en persona, esperar en la cola y rellenar formularios en papel, las empresas pueden realizar estas tareas en línea, lo que ahorra tiempo y reduce el papeleo. Además, la disponibilidad de información y servicios en línea puede mejorar la transparencia y hacer que sea más fácil para las empresas entender y cumplir con las regulaciones.

Un ejemplo de comercio electrónico G2B es el sistema de presentación electrónica de impuestos que muchos gobiernos ofrecen. Las empresas pueden utilizar estas plataformas para presentar sus declaraciones de impuestos, pagar los impuestos adeudados y recibir confirmación de sus pagos. Este tipo de sistema puede facilitar enormemente el proceso de cumplimiento de las obligaciones fiscales, permitiendo a las empresas centrarse en otras áreas de su negocio.

Otro ejemplo podría ser una plataforma de licitación electrónica. Muchos gobiernos publican oportunidades de licitación en línea y permiten a las empresas presentar sus propuestas a través de plataformas digitales. Esto puede hacer que el proceso de licitación sea más accesible y competitivo, permitiendo a las empresas de todos los tamaños participar.

El comercio electrónico G2B también puede implicar el uso de portales de información en línea, donde los gobiernos proporcionan información útil y actualizaciones a las empresas. Por ejemplo, durante una crisis de salud pública, un gobierno podría utilizar un portal en línea para proporcionar a las empresas información actualizada sobre las pautas de seguridad, las restricciones de operación y los recursos disponibles.

G. Comercio electrónico *m – commerce (Mobile Commerce)*

El comercio electrónico *m-commerce* (*Mobile Commerce*) es un subconjunto de comercio electrónico que implica la compra y venta de bienes y servicios a través de dispositivos móviles como smartphones y tabletas. Este tipo de comercio electrónico ha experimentado un rápido crecimiento en los últimos años debido al auge de la tecnología móvil y a la creciente adopción de smartphones en todo el mundo.

Fig. 13. Apple Pay facilita el proceso de pago

El *m-commerce* incluye una variedad de transacciones y actividades, incluyendo la compra de productos y servicios, la banca móvil, los pagos móviles y el *marketing* móvil. A medida que más y más consumidores adoptan smartphones y se sienten cómodos realizando transacciones en línea a través de estos dispositivos, se espera que el *m-commerce* siga creciendo y evolucionando.

Uno de los principales impulsores del *m-commerce* es la comodidad que ofrece. Con un dispositivo móvil, los consumidores pueden comprar en cualquier momento y en cualquier lugar, sin necesidad de una computadora de escritorio o portátil. Esto ha cambiado fundamentalmente la forma en que los consumidores interactúan con las empresas y realizan compras.

Los pagos móviles son otra importante área del *m-commerce*. Servicios como Apple Pay y Google Wallet permiten a los usuarios almacenar información de tarjetas de crédito y débito en sus dispositivos móviles y realizar pagos sin contacto en tiendas físicas. Estos servicios también pueden utilizarse para realizar pagos en línea, lo que facilita aún más el proceso de compra para los consumidores.

Ejemplo

Un excelente ejemplo de *m-commerce* es la aplicación móvil de Amazon. Los consumidores pueden navegar por la amplia gama de productos de Amazon, leer reseñas, comparar precios y realizar compras, todo ello directamente desde su smartphone o tableta. La aplicación también permite a los usuarios rastrear sus pedidos y recibir notificaciones cuando sus productos están siendo enviados o entregados.

Otro ejemplo de *m-commerce* es la aplicación móvil de eBay. Al igual que Amazon, eBay ofrece una aplicación móvil que permite a los usuarios navegar, pujar, comprar y vender artículos directamente desde su dispositivo móvil. La aplicación también proporciona notificaciones en tiempo real sobre pujas, ventas y ofertas.

1.3. Ámbito

El comercio electrónico ha transformado drásticamente la forma en que las empresas operan, permitiéndoles alcanzar a un público mucho más amplio en comparación con las tiendas físicas tradicionales. Esta transformación no hubiera sido posible sin el desarrollo de una variedad de herramientas de comercio electrónico que ayudan a las empresas a establecer y administrar sus tiendas en línea. Estas herramientas abarcan desde plataformas de comercio electrónico hasta sistemas de gestión de contenido, pasando por aplicaciones de análisis y herramientas de *marketing* digital.

El ámbito del comercio electrónico se refiere al entorno en el que se desarrolla y opera. Esto incluye las herramientas y tecnologías que las empresas utilizan para crear, gestionar y promocionar sus tiendas en línea. Estas herramientas facilitan la creación y gestión de tiendas en línea, el análisis de datos de los clientes, y la promoción y *marketing* de productos y servicios.

A. Plataformas de comercio electrónico

Una de las herramientas más importantes para cualquier negocio de comercio electrónico es la plataforma de comercio electrónico que utiliza para construir y administrar su tienda en línea. Estas plataformas proporcionan una variedad de características y funcionalidades que permiten a las empresas crear un sitio *web* de comercio electrónico, cargar y administrar productos, gestionar inventario, procesar pagos, manejar el envío y la logística, y más.

Ejemplo

Un ejemplo popular de una plataforma de comercio electrónico es Shopify. Shopify es una solución de comercio electrónico integral que permite a las empresas crear una tienda en línea personalizada, gestionar el inventario, aceptar pagos, y más. Shopify también proporciona una variedad de herramientas de *marketing* y análisis para ayudar a las empresas a atraer a los clientes y a aumentar las ventas.

Otra plataforma popular es Magento. Magento es una plataforma de comercio electrónico de código abierto que ofrece una gran flexibilidad y personalización. Con Magento, las empresas pueden crear una tienda en línea altamente personalizada y escalable que puede manejar un gran volumen de ventas.

Fig. 14. Magento fue adquirida por Adobe en 2018

En cuanto a las características y funcionalidades de las plataformas de comercio electrónico, se encuentran las siguientes:

- **Gestión de productos**: Permiten a los vendedores cargar productos, establecer precios, añadir descripciones, imágenes y variaciones de productos. Algunas plataformas incluso ofrecen herramientas avanzadas para la gestión de SKU, seguimiento de inventario y configuración de descuentos o promociones.

- **Procesamiento de pagos**: Las plataformas integran pasarelas de pago seguras que facilitan las transacciones en línea, aceptando una variedad de métodos de pago, desde tarjetas de crédito hasta soluciones de pago digital como PayPal o Apple Pay.

- **Gestión de envíos y logística**: Las soluciones más avanzadas ofrecen integraciones con proveedores de logística, calculadoras de tarifas de envío en tiempo real y herramientas para gestionar devoluciones.

- **Optimización para motores de búsqueda (SEO)**: Una buena plataforma de comercio electrónico ofrecerá herramientas y configuraciones SEOfriendly para ayudar a las tiendas en línea a clasificar mejor en los motores de búsqueda, atrayendo así a más clientes potenciales.

- **Integraciones y *plugins***: La capacidad de integrar con otras herramientas y servicios es crucial. Ya sea para *marketing* por correo electrónico, análisis de datos o gestión de relaciones con el cliente (CRM), las integraciones expanden las capacidades de una tienda en línea.

- **Soporte y seguridad**: Las mejores plataformas ofrecen soporte al cliente robusto y garantizan que las tiendas estén protegidas contra amenazas y fraudes en línea, proporcionando certificados SSL y cumpliendo con estándares de seguridad como PCI DSS.

B. Sistemas de Gestión de Contenido (CMS)

En el dinámico mundo del comercio digital, mantener un sitio *web* actualizado y atractivo es esencial. Aquí es donde los Sistemas de Gestión de Contenido, o CMS por sus siglas en inglés, se convierten en aliados invaluables para las empresas. Estas plataformas ofrecen una solución integral para la creación, edición y organización de contenido *web*, permitiendo a las empresas adaptarse rápidamente a las cambiantes demandas del mercado y las expectativas de los clientes.

Un CMS es, en esencia, el corazón de un sitio *web*. Proporciona una interfaz a través de la cual los usuarios pueden gestionar diversos tipos de contenido, desde artículos y blogs hasta imágenes, videos y más. Lo que distingue a un buen CMS es su capacidad de ser tanto poderoso como fácil de usar, permitiendo incluso a aquellos sin experiencia técnica mantener un sitio *web* eficiente.

A continuación, se muestran los aspectos más destacados de los CMS:

- **Usabilidad**: La mayoría de los CMS están diseñados con interfaces intuitivas, permitiendo a los usuarios agregar y modificar contenido sin necesidad de codificación.
- **Adaptabilidad**: Con una variedad de temas y plantillas disponibles, los CMS permiten a las empresas personalizar su sitio *web* para reflejar su identidad de marca.
- **Funcionalidad ampliable**: Mediante el uso de *plugins* o módulos, los usuarios pueden agregar características adicionales, desde formularios hasta soluciones completas de comercio electrónico.
- **Herramientas SEO integradas**: Un buen CMS facilitará la optimización para motores de búsqueda, esencial para mejorar la visibilidad y atraer tráfico.
- **Control de usuarios**: La capacidad de definir roles y permisos es esencial para empresas con equipos grandes, permitiendo una gestión de contenido colaborativa y segura.

Las principales herramientas de gestión de contenido que se pueden utilizar son:

- **WordPress**: Es probablemente el CMS más popular del mundo. Es conocido por su facilidad de uso, amplia gama de *plugins* y temas, y una comunidad activa que contribuye constantemente con nuevas funcionalidades. Aunque comenzó como una plataforma de blogs, WordPress ha evolucionado para soportar sitios *web* completos y tiendas de comercio electrónico a través de *plugins* como WooCommerce.

- **Joomla!**: Es otro CMS de código abierto que es conocido por su flexibilidad. Ofrece una variedad de extensiones y es adecuado tanto para sitios *web* simples como para complejas aplicaciones *web*.

- **Drupal**: Es un CMS robusto y flexible que es especialmente popular entre las empresas de nivel empresarial debido a sus capacidades avanzadas de personalización y seguridad.

- **Magento**: Aunque es específicamente una plataforma de comercio electrónico, Magento ofrece potentes capacidades de gestión de contenido. Es ideal para empresas que buscan una solución de comercio electrónico escalable con una amplia gama de características.

- **Shopify**: Mientras que Shopify es principalmente una plataforma de comercio electrónico, también ofrece capacidades de gestión de contenido para ayudar a las empresas a crear y gestionar su presencia en línea.

- **Wix**: Es una plataforma basada en la nube que permite a los usuarios crear sitios *web* HTML5 y sitios móviles a través de arrastrar y soltar herramientas. Es especialmente popular entre las pequeñas empresas y los individuos debido a su simplicidad.

- **Squarespace**: Conocido por sus elegantes diseños y plantillas, Squarespace es una solución todo en uno que combina *hosting*, CMS y herramientas de comercio electrónico.

- **TYPO3**: Es un CMS de código abierto que es conocido por su escalabilidad y capacidad para ejecutar múltiples sitios *web* desde una única instalación.

- **PrestaShop**: Al igual que Magento, PrestaShop es principalmente una plataforma de comercio electrónico, pero también ofrece capacidades de gestión de contenido. Es de código abierto y es conocido por su facilidad de personalización.

- **Ghost**: Es una plataforma de blogs moderna que se centra en la simplicidad y la velocidad. Aunque no es tan versátil como WordPress, es ideal para aquellos que buscan una experiencia de *blogging* pura.

Elegir un Sistema de Gestión de Contenido (CMS) adecuado es una decisión fundamental que puede influir en la eficiencia, funcionalidad y escalabilidad de un sitio *web*. Aquí hay varios factores que se deben considerar al seleccionar un CMS:

- **Objetivos del sitio *web***: Antes de elegir un CMS, es fundamental definir qué se espera lograr con el sitio *web*. ¿Es principalmente un *blog*, un sitio *web* corporativo, una tienda en línea o una combinación de estos?

- **Facilidad de uso**: No todos los que usan el CMS tendrán habilidades técnicas. Una interfaz intuitiva y fácil de usar es esencial para garantizar que los editores y administradores puedan realizar sus tareas sin complicaciones.

- **Personalización y flexibilidad**: Es vital que el CMS permita personalizar y adaptar el diseño y la funcionalidad según las necesidades específicas de la empresa.

- **Escalabilidad**: Si planeas expandir tu sitio *web* o negocio en el futuro, necesitas un CMS que pueda crecer contigo, manejando un aumento en el tráfico, contenido y funcionalidades.

- **Seguridad**: Dado que los CMS son objetivos comunes para los hackers, es crítico elegir una plataforma que tenga un historial sólido en seguridad y que reciba actualizaciones regulares para protegerse contra vulnerabilidades.

- **Compatibilidad con SEO**: Un buen CMS debe ofrecer herramientas y *plugins* que faciliten la optimización para motores de búsqueda, como URLs amigables, etiquetas meta personalizables y mapas del sitio XML.

- **Extensibilidad**: La capacidad de agregar funcionalidades adicionales a través de *plugins* o extensiones es esencial. Esto permite que el sitio *web* se adapte a las necesidades cambiantes sin tener que cambiar de plataforma.

- **Soporte y comunidad**: Una comunidad activa y un buen soporte técnico pueden ser invaluables. Esto garantiza que tendrás acceso a actualizaciones, *plugins*, temas y soluciones a problemas comunes.

- **Costo**: Aunque algunos CMS son gratuitos, pueden tener costos asociados, como *hosting*, *plugins premium*, temas o licencias. Es importante considerar todos los costos potenciales y asegurarse de que se ajusten al presupuesto.

- **Integraciones**: Si ya utilizas ciertas herramientas o aplicaciones (como sistemas CRM, plataformas de comercio electrónico o herramientas de *marketing* por correo electrónico), es esencial que el CMS pueda integrarse sin problemas con ellas.

- **Rendimiento y velocidad**: Un sitio *web* lento puede afectar la experiencia del usuario y el SEO. Es fundamental que el CMS ofrezca un rendimiento óptimo y no ralentice el sitio.

- **Control de usuarios**: Si varias personas van a gestionar el contenido, es vital que el CMS ofrezca funciones de control de usuarios, permitiendo asignar roles y permisos específicos.

- **Compatibilidad móvil**: Con el aumento del tráfico móvil, es esencial que el CMS facilite la creación de sitios *web* responsivos que se vean y funcionen bien en dispositivos móviles.

- ***Backup* y restauración**: La capacidad de realizar copias de seguridad fácilmente y restaurar el sitio *web* en caso de problemas es esencial para la continuidad del negocio.

Ejemplo

María es una diseñadora de moda que ha estado vendiendo su línea de ropa artisanal en ferias locales y a través de pedidos directos en redes sociales. Ahora, quiere expandir su negocio y vender sus productos en línea. María tiene conocimientos básicos de informática, pero no es una experta en desarrollo *web*. Está buscando un CMS que le permita crear una tienda en línea sin demasiadas complicaciones:

- **Objetivos del sitio *web***: María quiere un sitio *web* que funcione principalmente como una tienda en línea, pero también desea tener un blog para compartir historias sobre el proceso de creación y consejos de moda.

- **Facilidad de uso**: Dado que María no tiene experiencia técnica, necesita un CMS con una interfaz intuitiva y fácil de usar.

- **Personalización y flexibilidad**: María quiere que su tienda refleje su estilo único, por lo que necesita un CMS que ofrezca opciones de personalización y plantillas atractivas.

- **Escalabilidad**: Aunque comenzará con una pequeña colección, María planea expandir su línea de productos en el futuro.

- **Compatibilidad con SEO**: María sabe que el SEO es vital para atraer tráfico a su tienda, por lo que necesita un CMS que ofrezca herramientas de optimización.

- **Extensibilidad**: María quiere la opción de agregar funciones como chat en vivo, programas de lealtad y quizás integraciones con redes sociales en el futuro.

- **Costo**: Como pequeña empresaria, María tiene un presupuesto limitado, por lo que está buscando una solución rentable.

- **Integraciones**: María ya utiliza herramientas de *marketing* por correo electrónico y CRM, por lo que sería ideal que el CMS se integre con estas herramientas.

- **Rendimiento y velocidad**: María quiere que su tienda cargue rápidamente para ofrecer una buena experiencia al cliente.

- **Control de usuarios**: Inicialmente gestionará el sitio por sí misma, pero planea contratar a un asistente en el futuro, por lo que necesita un CMS que permita múltiples usuarios.

- **Compatibilidad móvil**: Muchos de los seguidores de María acceden a su contenido a través de dispositivos móviles, por lo que es esencial que el sitio sea responsivo.

Después de investigar y probar varios CMS, María decide optar por Shopify. Aunque es una plataforma de pago, ofrece una solución todo en uno para tiendas en línea con una interfaz fácil de usar. Además, Shopify proporciona plantillas atractivas, herramientas SEO integradas, y la capacidad de agregar funciones adicionales a través de aplicaciones.

C. Herramientas de análisis

En el mundo digital, donde cada clic, vista de página y acción del usuario puede ser una fuente de información, las herramientas de análisis se han convertido en el ojo que todo lo ve para las empresas de comercio electrónico. Estas herramientas no solo recopilan datos, sino que también los transforman en *insights* accionables que pueden ser la diferencia entre el éxito y el fracaso de una estrategia de negocio.

Las herramientas de análisis desempeñan un papel determinante en la comprensión del comportamiento del cliente. Al analizar las métricas, las empresas pueden identificar tendencias, detectar problemas y descubrir oportunidades. Por ejemplo, si un producto en particular tiene un alto número de vistas, pero bajas ventas, podría indicar un problema con el precio, la descripción del producto o las imágenes proporcionadas.

En cuanto a las características y beneficios de las herramientas de análisis, destacan:

1. **Segmentación de audiencia**: Estas herramientas permiten a las empresas segmentar a su audiencia en diferentes categorías, como demografía, ubicación geográfica, comportamiento de navegación y fuente de tráfico.

2. **Análisis de la ruta del cliente**: Al entender el camino que toma un cliente desde que entra al sitio hasta que realiza una compra, las empresas pueden optimizar cada punto de contacto para mejorar las conversiones.

3. **Optimización de campañas**: Al analizar qué campañas de *marketing* generan más tráfico y conversiones, las empresas pueden asignar su presupuesto de manera más eficiente.

4. **Detección de problemas técnicos**: Las herramientas de análisis pueden identificar problemas como páginas con altas tasas de rebote o errores de carga, lo que puede indicar problemas técnicos que necesitan ser abordados.

Google Analytics es una herramienta líder en el espacio de análisis. Su capacidad para proporcionar una visión detallada del comportamiento del usuario lo hace invaluable para las empresas de todos los tamaños.

Además de las características mencionadas, Google Analytics también ofrece integración con otras herramientas de Google, como Google Ads, lo que permite a las empresas ver cómo sus esfuerzos publicitarios se traducen en tráfico y ventas.

Otras opciones incluyen Adobe Analytics, que ofrece soluciones de análisis avanzadas y personalizables, y herramientas como Hotjar o Crazy Egg, que proporcionan mapas de calor y grabaciones de sesiones para entender visualmente cómo los usuarios interactúan con un sitio *web*.

D. Herramientas de *marketing* digital

En la era digital, donde la competencia es intensa y los consumidores están constantemente bombardeados con información, las herramientas de *marketing* digital se han convertido en el arsenal esencial para cualquier negocio de comercio electrónico que busque destacarse. Estas herramientas no solo permiten a las empresas llegar a su público objetivo, sino que también les ayudan a interactuar, retener y convertir a esos visitantes en clientes leales.

El *marketing* digital abarca una amplia gama de tácticas y estrategias, y las herramientas disponibles reflejan esta diversidad. Desde la gestión de campañas de correo electrónico hasta la optimización de la presencia en línea, estas herramientas ofrecen soluciones específicas para cada desafío de *marketing*.

A continuación, se exponen los aspectos destacados de las herramientas de *marketing* digital:

- **Email Marketing**: Una de las formas más directas y efectivas de comunicarse con los clientes. Herramientas como MailChimp no solo facilitan el envío de correos electrónicos masivos, sino que también ofrecen segmentación de audiencia, análisis de campañas y automatización. Esto permite a las empresas personalizar sus mensajes, medir la efectividad de sus campañas y automatizar procesos para una comunicación más eficiente.

- **Optimización para motores de búsqueda (SEO)**: La visibilidad en los motores de búsqueda es esencial para atraer tráfico orgánico. Herramientas como Moz y SEMrush ofrecen análisis detallados de palabras clave, seguimiento de rankings, auditorías de sitios *web* y sugerencias de optimización. Estas herramientas ayudan a las empresas a entender cómo se desempeñan en los motores de búsqueda y qué acciones tomar para mejorar.

Fig. 15. Semrush ayuda a entender la estrategia de los competidores

- **Publicidad en línea**: Plataformas como Google Ads y Facebook Ads permiten a las empresas dirigirse a audiencias específicas con anuncios personalizados. Estas herramientas ofrecen segmentación detallada, pruebas A/B y análisis de rendimiento para maximizar el retorno de la inversión publicitaria.

- **Gestión de redes sociales**: Las redes sociales son plataformas esenciales para interactuar con los clientes y construir una comunidad. Herramientas como Hootsuite o Buffer permiten a las empresas programar publicaciones, interactuar con seguidores y analizar el rendimiento de sus contenidos en diferentes plataformas.

- **Analítica y conversión**: Herramientas como Google Analytics o Hotjar ofrecen insights sobre el comportamiento de los visitantes, permitiendo a las empresas entender qué funciona y qué no en su sitio *web*. Estas herramientas pueden identificar páginas con alto rendimiento, rutas de conversión y áreas de fricción que pueden necesitar mejoras.

- **Automatización de *marketing***: Plataformas como HubSpot o Marketo ofrecen soluciones de automatización que integran email *marketing*, gestión de *leads* y análisis en un solo lugar. Estas herramientas permiten a las empresas nutrir leads a lo largo del embudo de ventas de manera eficiente.

2. Manejo de normativa que garantiza la seguridad de las transacciones

En el ámbito del comercio electrónico y las transacciones financieras en línea, el manejo adecuado de la normativa legal y de seguridad es fundamental para asegurar la integridad y la confidencialidad de las operaciones y de los datos de los usuarios. Este manejo incluye un amplio espectro de consideraciones que van desde la fiscalidad hasta la protección de datos personales. La fiscalidad se relaciona con la necesidad de asegurar que todas las transacciones cumplen con las leyes fiscales vigentes, lo que implica el correcto cálculo y presentación de impuestos, así como el seguimiento de las obligaciones fiscales en múltiples jurisdicciones si es necesario.

En paralelo, la protección de datos se enfoca en salvaguardar la información personal y financiera de los usuarios, implementando medidas de seguridad como el cifrado y cumpliendo con regulaciones como el Reglamento General de Protección de Datos en Europa. Ambas dimensiones, fiscalidad y protección de datos, son pilares que no solo garantizan la operatividad legal de las transacciones, sino que también fortalecen la confianza de los consumidores en los sistemas de comercio electrónico.

2.1. Fiscalidad

La normativa fiscal en el comercio electrónico es un aspecto crítico de cualquier negocio en línea, y su cumplimiento es esencial para evitar problemas legales y financieros. Con el crecimiento acelerado del comercio electrónico, los gobiernos de todo el mundo, incluyendo España, han tenido que adaptar y ajustar sus regulaciones fiscales para garantizar que los impuestos se cobren de manera adecuada y justa en las transacciones en línea.

Fig. 16. En España, la tasa general del IVA es del 21%, pero existen tasas reducidas para ciertos tipos de productos y servicios

En España, al igual que en muchos países europeos, las transacciones de comercio electrónico están sujetas al Impuesto sobre el Valor Añadido (IVA). El IVA es un impuesto sobre el consumo que se cobra en cada etapa de la cadena de suministro, hasta el punto de venta al consumidor final.

Para los minoristas de comercio electrónico, esto significa que deben cobrar el IVA en las ventas a los consumidores y pueden tener que pagar el IVA en los productos que compran a los proveedores.

El IVA para el comercio electrónico es de especial relevancia en la Unión Europea con la introducción del Régimen del IVA de la Unión para los Servicios Electrónicos (también conocido como IVA de la UE para el comercio electrónico). Esto implica que los minoristas de comercio electrónico que venden a consumidores en la UE deben cobrar el IVA a la tasa del país del consumidor, no a la tasa del país del vendedor.

En términos fiscales, las operaciones de comercio electrónico en España se rigen por las mismas normas que las operaciones comerciales tradicionales, pero hay ciertas particularidades a tener en cuenta:

A. Impuesto sobre el Valor Añadido (IVA)

En el caso del comercio electrónico, las reglas del IVA se aplican de la misma manera que en el comercio físico. Sin embargo, puede haber cierta complejidad adicional debido a las ventas transfronterizas:

- **Ventas nacionales**: En las ventas realizadas a consumidores españoles, se aplica el IVA español a las tarifas correspondientes, que generalmente son del 21%, aunque hay tarifas reducidas para ciertos tipos de productos y servicios.

- **Ventas a otros países de la UE**: Para las ventas a consumidores (B2C) en otros países de la UE, hasta julio de 2021, se aplicaba el IVA del país del vendedor hasta un cierto umbral de ventas por país, después del cual se aplicaba el IVA del país del comprador. Sin embargo, a partir de julio de 2021, con la entrada en vigor del nuevo régimen del IVA de la UE para el comercio electrónico, se aplica el IVA del país del consumidor desde la primera venta, sin ningún umbral.

- **Ventas fuera de la UE**: Generalmente, las ventas a consumidores fuera de la UE están exentas de IVA. Sin embargo, es posible que el comprador tenga que pagar derechos de aduana o impuestos equivalentes al IVA en su propio país.

B. Impuesto sobre sociedades (IS)

El Impuesto sobre sociedades (IS) es una tributación que grava la renta de las sociedades y demás entidades jurídicas. En España, está regulado por la Ley 27/2014. Las empresas de comercio electrónico con sede en España están sujetas a este impuesto, al igual que cualquier otra entidad jurídica con residencia fiscal en el país.

El IS es un impuesto que grava los beneficios obtenidos por la empresa durante un período impositivo, que normalmente coincide con el año natural (del 1 de enero al 31 de diciembre), aunque la empresa puede optar por un período impositivo diferente si se establece en sus estatutos. La base imponible del IS se determina a partir del resultado contable de la empresa, con ciertas modificaciones establecidas por la ley fiscal.

 **Importante**

El tipo general del Impuesto sobre Sociedades en España es del 25%. Sin embargo, existen tipos reducidos para ciertas entidades, como las entidades de nueva creación que realizan actividades económicas, que pueden beneficiarse de un tipo reducido del 15% durante los dos primeros períodos impositivos en que obtengan beneficios.

Además, existen una serie de deducciones y bonificaciones que pueden reducir la cuota a pagar. Algunas de estas deducciones están relacionadas con actividades de I+D+I, creación de empleo o inversiones en activos fijos nuevos. Las empresas de comercio electrónico pueden beneficiarse de estas deducciones, por ejemplo, si invierten en el desarrollo de nuevas tecnologías o plataformas.

También es importante destacar que, en el caso de las empresas de comercio electrónico que operan a nivel internacional, se deben tener en cuenta las reglas de precios de transferencia y las normas de establecimiento permanente. Los precios de transferencia se refieren al precio al que una empresa transfiere bienes físicos, derechos de propiedad intelectual o proporciona servicios a empresas asociadas en diferentes países. Las normas de establecimiento permanente pueden hacer que una empresa tenga que pagar impuestos en un país si tiene una presencia comercial significativa allí, incluso si no tiene una sede física.

 **Importante**

El IS es un aspecto importante de la fiscalidad de las empresas de comercio electrónico, y puede ser complejo debido a las particularidades de la legislación y a la naturaleza global de estas empresas.

C. Retenciones fiscales

Las retenciones fiscales son una parte esencial del sistema tributario español. Funcionan como un anticipo del impuesto que un contribuyente tiene que pagar y se deducen directamente de ciertos tipos de ingresos antes de que estos sean pagados al receptor.

En el contexto del comercio electrónico, las retenciones fiscales pueden ser relevantes en diversas situaciones. Una de las más comunes es cuando una empresa paga a un afiliado por referir clientes. Estos pagos suelen considerarse rendimientos de trabajo o rendimientos de actividades económicas y, por tanto, están sujetos a retención.

Por lo general, es la empresa que realiza el pago la responsable de practicar la retención y de ingresarla posteriormente en el Tesoro Público. El tipo de retención aplicable puede variar dependiendo del tipo de rendimiento. En el caso de los rendimientos de trabajo, el tipo de retención se calcula en función de la cuantía del rendimiento y de las circunstancias personales y familiares del perceptor. Otra situación en la que puede ser necesario practicar retenciones es cuando la empresa de comercio electrónico paga rentas por el arrendamiento de locales de negocio o por el arrendamiento de bienes muebles, negocios o minas. Estas rentas también están sujetas a retención.

Además, cabe destacar que las retenciones también pueden aplicar en operaciones internacionales.

Si una empresa española de comercio electrónico paga royalties a una empresa en otro país, estos pagos pueden estar sujetos a retención en España. Sin embargo, la aplicación de estas retenciones puede verse afectada por los convenios de doble imposición que España tiene firmados con otros países.

2.2. Protección de datos

La protección de datos es un elemento crítico en el comercio electrónico debido a la gran cantidad de información personal que se recopila, almacena y procesa en las transacciones en línea.

En España, la protección de datos está regulada por el Reglamento General de Protección de Datos (RGPD) de la Unión Europea, que entró en vigor el 25 de mayo de 2018, y la Ley Orgánica de Protección

Fig. 17. Al recopilar datos personales de los clientes se deben cumplir las normas existentes respecto a su gestión

de Datos Personales y garantía de los derechos digitales (LOPDGDD).

El Reglamento General de Protección de Datos (RGPD) es una ley de la Unión Europea que entró en vigor el 25 de mayo de 2018, diseñada para proteger la privacidad y los derechos de los ciudadanos de la UE en el entorno digital. El RGPD es aplicable a todas las empresas, dentro y fuera de la UE, que traten datos personales de los residentes de la UE.

Ejemplo

Imagina que cada dato personal que damos en línea es una pieza de un rompecabezas que conforma nuestra identidad digital. Según el RGPD, tenemos el derecho de controlar cómo se utilizan esas piezas, quién puede verlas y cómo se guardan. Las empresas, por su parte, deben asegurarse de que nuestras piezas del rompecabezas estén seguras y se manejen de forma correcta.

A continuación, se muestran los principios clave del mencionado RGPD:

- **Legalidad, lealtad y transparencia**: Las empresas deben garantizar que el procesamiento de los datos personales sea legal (con base en uno de los seis fundamentos legales establecidos por el RGPD, como el consentimiento, el contrato, etc.), justo y transparente para el individuo. Deben informar a las personas acerca de cómo se procesarán sus datos.

- **Limitación de la finalidad**: Las empresas solo pueden recoger datos para fines específicos, explícitos y legítimos. No pueden usar los datos para nada más que no sea compatible con esos fines.

- **Minimización de datos**: Las empresas deben limitar la recogida de datos personales a lo que es estrictamente necesario en relación con los fines para los que se procesan. No se pueden recoger más datos de los necesarios.

- **Exactitud**: Las empresas deben asegurarse de que los datos personales sean precisos y estén actualizados. Deben tomar todas las medidas razonables para borrar o rectificar datos que sean inexactos.

- **Limitación del plazo de conservación**: Los datos personales no pueden conservarse más tiempo del necesario para los fines para los que se procesan.

- **Integridad y confidencialidad**: Las empresas deben procesar los datos personales de una manera que garantice su seguridad, incluyendo la protección contra el procesamiento no autorizado o ilegal y contra la pérdida, destrucción o daño accidental.

Ejemplo

A continuación, se muestran algunos ejemplos de la aplicación de la normativa de protección de datos en comercios:

- **Consentimiento para el *marketing***: Si una tienda en línea quiere enviar boletines de noticias con ofertas a sus clientes, debe obtener su consentimiento explícito. No pueden simplemente enviar correos electrónicos promocionales porque alguien hizo una compra. Esto suele hacerse mediante una casilla de verificación en el formulario de registro o de compra que los clientes deben marcar voluntariamente.

- **Información clara y transparente**: Cuando un cliente compra algo en línea, la tienda recopila datos personales como el nombre, la dirección y la información de pago. Según el RGPD, la tienda debe proporcionar información clara y transparente sobre cómo se utilizarán estos datos. Esto podría incluir un aviso de privacidad en su sitio *web* que explique en detalle cómo manejan los datos personales.

- **Derecho a ser olvidado**: Si un cliente ya no quiere tener una cuenta con una tienda en línea, tiene el derecho de solicitar que todos sus datos sean eliminados. La tienda debe cumplir con esta solicitud, siempre y cuando no haya razones legales para mantener los datos (por ejemplo, para cumplir con las leyes fiscales).

- **Seguridad de los datos**: Las tiendas en línea deben garantizar que los datos personales de sus clientes estén seguros. Esto puede incluir medidas como el cifrado de los datos, la realización de evaluaciones de riesgos de seguridad y la implementación de protocolos de seguridad física y digital.

El RGPD es una pieza esencial de la legislación que protege los derechos de los individuos sobre sus datos personales. Asegura que las empresas sean transparentes, justas y seguras al manejar los datos personales y ofrece a los individuos un mayor control sobre sus propios datos. En el contexto del comercio electrónico, el cumplimiento del RGPD es esencial para construir la confianza del cliente y proteger los derechos de los individuos.

 **legislación**

La Ley Orgánica de Protección de Datos Personales y garantía de los derechos digitales (LOPDGDD) es una ley española que entró en vigor el 7 de diciembre de 2018. Esta ley fue promulgada con el objetivo de adaptar el marco legal español al Reglamento General de Protección de Datos (RGPD) de la Unión Europea, y de actualizar las disposiciones de la anterior Ley Orgánica de Protección de Datos de Carácter Personal de 1999.

La LOPDGDD retoma los principios del RGPD y los refuerza con disposiciones adicionales.

Aquí se muestran algunos de los puntos más destacados de esta ley:

A. Adaptación a la RGPD

La Ley Orgánica de Protección de Datos Personales y garantía de los derechos digitales se constituye como una adaptación al Reglamento General de Protección de Datos en los siguientes aspectos:

- **Consentimiento**: Al igual que el RGPD, la LOPDGDD establece que el consentimiento debe ser libre, informado, específico e inequívoco. Pero va más allá al especificar que el silencio, las casillas premarcadas o la inacción no constituyen consentimiento. En cuanto a los menores, la ley establece que los mayores de 14 años pueden prestar su consentimiento de forma autónoma.

- **Derechos de los interesados**: La ley refuerza los derechos ya garantizados por el RGPD, como el derecho de acceso, rectificación, supresión (derecho al olvido), oposición, limitación del tratamiento y portabilidad de los datos. Además, establece procedimientos específicos para su ejercicio.

B. Derechos digitales

La LOPDGDD también introduce una serie de derechos digitales, marcando un precedente en la protección de estos derechos en la era digital. Entre ellos se encuentran:

- **Derecho a la neutralidad de *Internet***: Este derecho garantiza que los usuarios de *Internet* tengan un acceso libre y sin discriminación a cualquier contenido, servicio o aplicación disponible en la red.

- **Derecho al olvido en buscadores y redes sociales**: Además del derecho al olvido garantizado por el RGPD, esta ley española amplía ese derecho a los buscadores de *Internet* y las redes sociales. Los usuarios tienen derecho a solicitar la eliminación de la información personal publicada o compartida en estos servicios.

- **Derecho a la desconexión digital**: Este derecho es especialmente relevante en el ámbito laboral. Garantiza que los trabajadores puedan desconectarse de los medios electrónicos y las tecnologías de la comunicación fuera de su horario de trabajo, protegiendo así su tiempo de descanso, permisos y vacaciones.

- **Derechos de los menores en *Internet***: La ley protege especialmente a los menores en el entorno digital, garantizando su derecho a la privacidad y a la seguridad en el uso de *Internet*. Además, los menores tienen derecho a ser olvidados en relación con la información difundida por ellos mismos cuando eran menores.

Estos son solo algunos ejemplos de cómo la LOPDGDD ha adaptado y ampliado las disposiciones del RGPD. Esta ley representa un esfuerzo por parte de España para garantizar la protección de los datos personales y los derechos digitales en la era de la información.

3. Gestión segura de transacciones

La seguridad en las transacciones en línea es un componente vital del comercio electrónico. Protege tanto a los consumidores como a los comerciantes de varios riesgos, que van desde el robo de datos hasta el fraude financiero.

En este sentido, hay varias consideraciones clave y tecnologías disponibles para garantizar la seguridad de las transacciones en línea:

A. Cifrado SSL/TLS

El cifrado SSL/TLS es una de las tecnologías de seguridad más ampliamente utilizadas en *Internet* y es fundamental para garantizar la seguridad en las transacciones de comercio electrónico. SSL, que significa *Secure Sockets Layer*, y su sucesor, TLS (*Transport Layer Security*), son protocolos de seguridad que establecen un canal cifrado entre un navegador *web* (el cliente) y un servidor *web* (el servidor) para asegurar que los datos transmitidos entre ellos permanezcan privados y seguros.

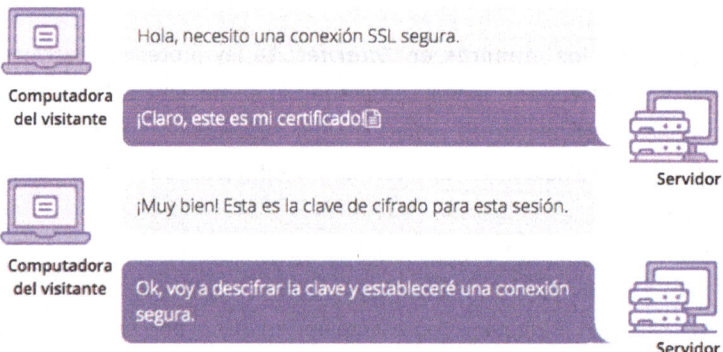

Fig. 18. Gracias a SSL y TLS se cifra la transferencia de datos de forma que no pueden ser interpretados por terceros

El proceso funciona de la siguiente manera: cuando alguien se conecta a un sitio *web* seguro, por ejemplo, un sitio de comercio electrónico como Amazon.es, el navegador solicita al servidor *web* del sitio que se identifique. El servidor envía al navegador una copia de su certificado SSL, que el mismo
verifica comprobando si el certificado proviene de una fuente confiable y si está actualizado. Si todo está en orden, el navegador envía un mensaje al servidor para iniciar una sesión segura.

A partir de este punto, todos los datos transmitidos entre el navegador y el servidor *web* son cifrados, lo que significa que se transforman en un código ininteligible para cualquier persona que intente interceptar la información. Esto es especialmente importante cuando se introduce información sensible, como el número de tarjeta de crédito, en un sitio de comercio electrónico.

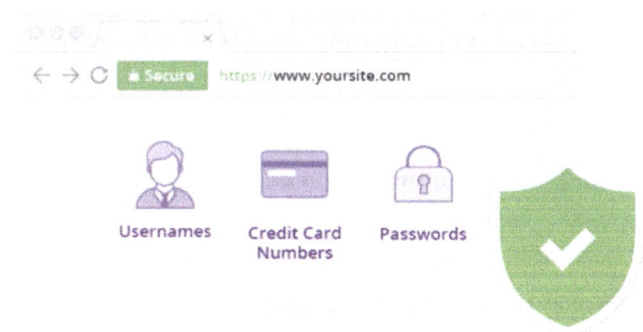

Fig. 19. En la barra del navegador se puede ver si una página es segura

Además de cifrar los datos, SSL/TLS también autentica la identidad del servidor (y en algunos casos, del cliente). Esto significa que cuando nos conectamos a un sitio *web*, podemos estar seguros de que estamos interactuando con el servidor correcto y no con un impostor.

En la barra de direcciones del navegador, se puede ver si un sitio *web* utiliza SSL/TLS buscando un candado o la palabra "seguro". En algunos navegadores, la URL también comenzará con "https" en lugar de "http", donde la "s" adicional significa "seguro".

Esto indica que cualquier información que se envíe a través de ese sitio *web* será segura.

Ejemplo

En la página de pago de Amazon.es, se puede ver un candado en la barra de direcciones, indicando que la conexión con el sitio está cifrada. Esto significa que cuando se introduce la información de la tarjeta de crédito para realizar una compra, esa información se cifra de tal manera que incluso si alguien interceptara los datos, no sería capaz de usarlos.

Recuerda

El cifrado SSL/TLS es una tecnología esencial para garantizar la seguridad de las transacciones en línea en los sitios *web* de comercio electrónico. Protege los datos personales y financieros, dando tranquilidad tanto a los consumidores como a los comerciantes en línea.

B. Autenticación de factores (2FA)

La autenticación de dos factores (2FA) es un método de seguridad utilizado en el comercio electrónico para aumentar la protección de las cuentas de los clientes. Consiste en el uso de dos elementos diferentes para verificar la identidad del usuario antes de permitir el acceso a una cuenta o la realización de una transacción. En lugar de confiar únicamente en una contraseña, que puede ser robada o adivinada por un ciberdelincuente, la autenticación de dos factores exige una segunda forma de verificación, proporcionando una capa adicional de protección.

Los dos factores en la autenticación de dos factores pueden ser cualquier combinación de lo que se conoce como algo que el usuario sabe (como una contraseña), algo que el usuario tiene (como un dispositivo móvil), y algo que el usuario es (como una huella dactilar). Por ejemplo, un sistema de autenticación de dos factores puede requerir que el usuario introduzca una contraseña y luego ingrese un código único que ha sido enviado a su teléfono móvil. Este código es de un solo uso y tiene un tiempo limitado de validez, lo que hace que sea difícil para un atacante usarlo, aunque logre interceptarlo.

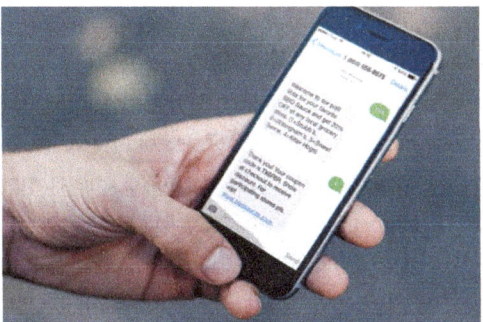

Fig. 20. La autenticación de dos factores habitualmente supone el envío de un sms a un teléfono móvil

En el comercio electrónico, la autenticación de dos factores se utiliza a menudo en el proceso de pago o al acceder a la cuenta de usuario. Por ejemplo, una tienda online puede solicitar a los clientes que ingresen una contraseña y luego ingresen un código de seguridad enviado a su teléfono móvil antes de finalizar una compra. Esta medida de seguridad ayuda a prevenir transacciones no autorizadas y reduce el riesgo de fraude.

Un ejemplo de una empresa que utiliza la autenticación de dos factores es PayPal. Cuando un cliente intenta iniciar sesión en su cuenta de PayPal, la plataforma puede enviar un código de seguridad por SMS al número de teléfono registrado del cliente. El cliente debe introducir este código en el sitio *web* de PayPal junto con su contraseña para poder acceder a su cuenta.

C. *Firewalls* y sistemas de prevención de intrusiones

Los *firewalls* y sistemas de prevención de intrusiones son componentes críticos en la seguridad del comercio electrónico. En un entorno de comercio electrónico, donde se manejan datos sensibles del cliente como información de tarjetas de crédito y detalles de identidad personal, mantener la integridad de los sistemas y la confidencialidad de los datos es primordial.

Un *firewall* es un dispositivo de seguridad de red que monitoriza y controla el tráfico de red entrante y saliente basado en reglas de seguridad predefinidas. En su forma más básica, un *firewall* actúa como una barrera entre una red interna segura y una red externa no segura, como *Internet*. Se puede configurar para bloquear el tráfico no autorizado o sospechoso, permitiendo solo el tráfico que cumple con las políticas de seguridad de la empresa. En un entorno de comercio electrónico, un *firewall* puede ayudar a prevenir intrusiones no autorizadas, mitigando el riesgo de violaciones de datos y protegiendo la confidencialidad de la información del cliente.

Los sistemas de prevención de intrusiones (IPS, por sus siglas en inglés), por otro lado, son dispositivos o aplicaciones de software que monitorizan la *red* y el tráfico del sistema para detectar actividades maliciosas o sospechosas. Un IPS puede identificar posibles ataques basándose en patrones de tráfico o firmas de ataques conocidos, y puede tomar medidas para prevenir o minimizar el daño. Esto puede incluir el bloqueo del tráfico, la terminación de la conexión, o la alerta a los administradores del sistema.

En una tienda en línea, un *firewall* puede estar configurado para bloquear intentos de conexión desde direcciones IP sospechosas o conocidas por actividades maliciosas. Mientras tanto, un IPS puede estar en funcionamiento para monitorizar el tráfico de la red en busca de patrones que puedan indicar un intento de ataque, como un aumento inusual en el número de solicitudes de inicio de sesión o intentos de acceso a páginas *web* protegidas.

Ejemplo

Un caso de uso práctico de estas tecnologías podría ser una tienda de comercio electrónico que utiliza un firewall para bloquear el tráfico de regiones geográficas que están fuera de su mercado objetivo y son conocidas por albergar actividades de ciberdelincuencia.

Al mismo tiempo, un IPS puede estar en funcionamiento para detectar y bloquear ataques de fuerza bruta, donde un atacante intenta adivinar contraseñas mediante la repetición rápida de intentos de inicio de sesión.

Dada la importancia de la seguridad en el comercio electrónico, existen numerosas herramientas específicas en el mercado diseñadas para proteger las redes y sistemas contra amenazas. A continuación, se presentan algunas herramientas concretas en el ámbito de los firewalls y sistemas de prevención de intrusiones:

- **Cisco ASA**: Este es un *firewall* de seguridad adaptativo de Cisco que combina funciones de *firewall*, antivirus, prevención de intrusiones y *virtual private network* (VPN). Es ampliamente utilizado por empresas de todos los tamaños debido a su robustez y confiabilidad.

- *Fortinet FortiGate*: Es una serie de *firewalls* de seguridad que ofrecen protección contra amenazas, filtrado de contenido *web*, y características de VPN. También incluye funcionalidades de prevención de intrusiones.

- *Check Point Firewall*: Una solución líder en la industria que ofrece seguridad avanzada, incluyendo protección contra amenazas, control de aplicaciones y filtrado de URL.

- *Snort*: Es un sistema de prevención y detección de intrusiones de código abierto. *Snort* puede analizar el tráfico en tiempo real, detectar ataques y anomalías, y enviar alertas.

- **Suricata**: Es otro sistema de detección, prevención y monitoreo de intrusiones de código abierto. Puede analizar grandes volúmenes de tráfico y es conocido por su alta performance y capacidades avanzadas de detección.

- **Intrusion Detection System (IDS) de OSSEC**: Es un sistema de código abierto que ofrece detección de *log-based* intrusiones, monitoreo de integridad, alertas en tiempo real y respuesta activa.

- **Palo Alto Networks Firewall**: Este *firewall* de próxima generación identifica y controla aplicaciones, usuarios y contenido, y ofrece características como filtrado de URL, prevención de amenazas y prevención de pérdida de datos.

- **Barracuda Web Application Firewall**: Específicamente diseñado para aplicaciones *web*, este *firewall* protege contra amenazas como ataques SQL *injection, cross-site scripting (XSS)* y ataques *DDoS*.

- **Fail2Ban**: Es una herramienta de prevención de intrusiones que protege los sistemas contra ataques de fuerza bruta. Monitorea los logs de los sistemas y toma acciones, como bloquear direcciones IP, cuando detecta intentos de intrusión.

- **ModSecurity**: Es un *firewall* de aplicaciones *web* de código abierto que se puede utilizar para proteger aplicaciones contra ataques comunes y personalizar reglas según las necesidades específicas de una aplicación.

Fig. 21. Sistema Suricata de detección, prevención y monitoreo

D. Sistemas anti - fraude

Los sistemas anti - fraude son una parte crucial de la seguridad en el comercio electrónico, dado que las transacciones fraudulentas pueden resultar en pérdidas financieras significativas y dañar la reputación de una empresa. En la era digital actual, la sofisticación y la frecuencia de los ataques de fraude en línea están en aumento, y las empresas de comercio electrónico están utilizando tecnologías avanzadas para protegerse.

Estos sistemas anti - fraude funcionan mediante el uso de algoritmos y técnicas de aprendizaje automático para analizar una multitud de datos y comportamientos asociados con cada transacción. Estos pueden incluir la ubicación del usuario, los patrones de gasto, la velocidad a la que se introducen los detalles de la tarjeta de crédito, las direcciones IP, los dispositivos utilizados para la transacción, y muchos otros factores.

Al analizar estos datos, el sistema puede detectar comportamientos anómalos o patrones sospechosos que pueden indicar fraude. Por ejemplo, un sistema anti - fraude puede marcar una transacción como sospechosa si proviene de una ubicación en la que el usuario nunca ha realizado una compra antes, si los detalles de la tarjeta de crédito se introducen a una velocidad inusualmente rápida, o si hay un número excesivo de transacciones de alto valor en un corto período de tiempo.

Un ejemplo de un sistema anti - fraude en acción podría ser una tienda de comercio electrónico que vende electrónica de alta gama.

La tienda podría implementar un sistema anti - fraude que marque las transacciones que superen un cierto valor, que provengan de países con altas tasas de fraude en línea, o que se realicen a horas inusuales del día.

Si una transacción es marcada como sospechosa, la tienda podría ponerla en espera y realizar investigaciones adicionales, como verificar con el cliente, antes de completar la venta.

Además, algunos sistemas anti - fraude también pueden proporcionar una puntuación de riesgo para cada transacción, que indica la probabilidad de que la transacción sea fraudulenta. Esto permite a los comerciantes decidir si quieren aceptar, rechazar o revisar la transacción.

Sin embargo, los sistemas anti - fraude deben mantener un equilibrio entre la prevención del fraude y la minimización de las interrupciones para los clientes legítimos. Un sistema que es demasiado sensible puede dar lugar a falsos positivos, donde las transacciones legítimas son marcadas como sospechosas, lo cual puede llevar a una mala experiencia del cliente.

Las herramientas anti - fraude son esenciales para proteger tanto a las empresas como a los consumidores en el ámbito del comercio electrónico. Estas herramientas utilizan una variedad de técnicas y tecnologías para detectar y prevenir transacciones fraudulentas.

A continuación, se presentan algunas herramientas anti - fraude concretas ampliamente utilizadas en la industria:

- **Kount**: Es una solución integral que utiliza inteligencia artificial y aprendizaje automático para analizar transacciones en tiempo real. Kount evalúa cientos de variables relacionadas con una transacción para determinar su nivel de riesgo y proporciona una puntuación que indica la probabilidad de fraude.

- **FraudLabs Pro**: Esta herramienta ofrece protección contra el fraude para comerciantes de todos los tamaños. Analiza y califica las transacciones basándose en una serie de parámetros, como la geolocalización, la dirección IP y los patrones de compra.

Fig. 22. Logo de Fraudlabs Pro

- **Signifyd**: Utiliza aprendizaje automático para revisar las transacciones y garantizar que las empresas estén protegidas contra el fraude. Si una transacción resulta ser fraudulenta después de haber sido aprobada por Signifyd, la empresa está cubierta por una garantía de devolución del dinero.

- **Riskified**: Es una plataforma que utiliza aprendizaje automático para revisar las transacciones y determinar si son legítimas o fraudulentas. Riskified toma decisiones en tiempo real, lo que permite a las empresasprocesar transacciones rápidamente sin comprometer la seguridad.

- **Sift**: Anteriormente conocido como Sift Science, utiliza tecnología de aprendizaje automático para analizar el comportamiento del usuario en tiempo real y detectar actividades sospechosas. Sift puede adaptarse y aprender de nuevos patrones de fraude a medida que emergen.

- **ClearSale**: Es una solución que combina análisis estadístico, inteligencia artificial y revisión manual para evaluar las transacciones. Si una transacción es particularmente difícil de verificar, ClearSale tiene un equipo que revisará manualmente la transacción para determinar su legitimidad.

- **3D Secure**: Es un protocolo utilizado por las principales compañías de tarjetas de crédito que añade una capa adicional de verificación para las transacciones en línea. Cuando un cliente realiza una compra, se le puede pedir que ingrese una contraseña o código único para verificar su identidad.

- **MaxMind**: Es conocido por su servicio "MinFraud", que evalúa las transacciones en función de su riesgo y proporciona una puntuación. MaxMind también ofrece servicios de geolocalización que pueden ayudar a las empresas a determinar si una transacción proviene de una ubicación sospechosa.

E. Cumplimiento de PCI DSS

El Estándar de Seguridad de Datos para la Industria de Tarjetas de Pago (*Payment Card Industry Data Security Standard*, PCI DSS) es un conjunto de requisitos de seguridad que se han diseñado para asegurar que todas las empresas que procesan, almacenan o transmiten información de tarjetas de crédito lo hacen de una manera que garantiza la protección de los datos de los titulares de las tarjetas.

Los estándares PCI DSS, que fueron desarrollados y son administrados por el Consejo de Normas de Seguridad de la Industria de Tarjetas de Pago, un consorcio formado por las principales empresas de tarjetas de crédito como Visa, MasterCard, American Express y Discover, constan de 12 requisitos clave que abarcan seis objetivos principales.

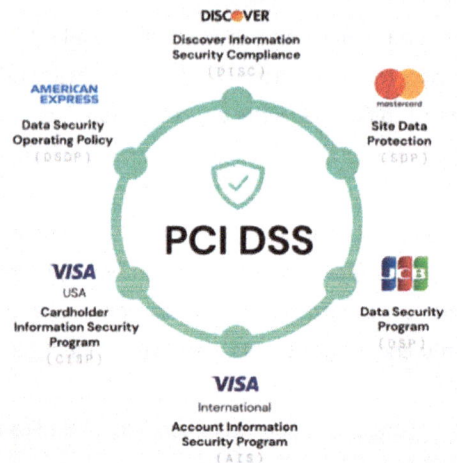

Fig. 23. El estándar PCI fue desarrollado por un consorcio en el que participan los principales emisores de tarjetas de pago

Estos objetivos y requisitos son los siguientes:

1. **Construir y mantener una red segura y un sistema**:
   o **Requisito 1**: Instalar y mantener una configuración de firewall para proteger los datos del titular de la tarjeta.

o **Requisito 2**: No utilizar valores por defecto proporcionados por los proveedores para las contraseñas del sistema y otros parámetros de seguridad.

2. **Proteger los datos del titular de la tarjeta**:
   o **Requisito 3**: Proteger los datos almacenados del titular de la tarjeta.
   o **Requisito 4**: Cifrar la transmisión de datos del titular de la tarjeta a través de redes abiertas y públicas.

3. **Mantener un programa de gestión de vulnerabilidades**:
   o **Requisito 5**: Usar y actualizar regularmente el software antivirus. Requisito
   o **Requisito 6**: Desarrollar y mantener sistemas y aplicaciones seguros.

4. **Implementar medidas de control de acceso sólidas**:
   o **Requisito 7**: Restringir el acceso a los datos del titular de la tarjeta por parte del personal de negocio.
   o **Requisito 8**: Asignar una identificación única a cada persona con acceso a la computadora.
   o **Requisito 9**: Restringir el acceso físico a los datos del titular de la tarjeta.

5. **Monitorizar y probar regularmente las redes:**
   o **Requisito 10**: Rastrear y monitorizar todo el acceso a los recursos de red y los datos del titular de la tarjeta.
   o **Requisito 11**: Probar regularmente los sistemas de seguridad y procesos.

6. **Mantener una política de seguridad de la información:**
   o **Requisito 12**: Mantener una política que se ocupe de la seguridad de la información para todo el personal.

Un ejemplo de la aplicación del cumplimiento de PCI DSS en el comercio electrónico podría ser una tienda online que acepta pagos con tarjeta de crédito. La tienda tendría que cumplir con los requisitos de PCI DSS para proteger la información de la tarjeta de crédito de los clientes.

Esto podría incluir la implementación de firewalls, la encriptación de los datos de la tarjeta durante la transmisión, la restricción del acceso a los datos de la tarjeta solo al personal necesario, la monitorización y el registro de toda actividad relacionada con los datos de la tarjeta, y la realización de pruebas regulares de los sistemas y procesos.

F. Políticas de privacidad y términos de servicio claros

Las políticas de privacidad y los términos de servicio son documentos fundamentales en cualquier plataforma de comercio electrónico. Proporcionan transparencia acerca de cómo se maneja la información del usuario y establecen las reglas y expectativas para la interacción entre la plataforma y sus usuarios. A continuación, se exponen de manera detallada:

1. Políticas de privacidad

Las políticas de privacidad desempeñan un papel vital en la comunicación con los usuarios acerca de cómo se recopilan, almacenan, protegen y utilizan sus datos personales. En un comercio electrónico, esto puede abarcar una variedad de datos, desde la información básica del usuario, como el nombre y la dirección de correo electrónico, hasta los detalles de la tarjeta de crédito y la dirección de envío.

El contenido de una política de privacidad puede variar según la jurisdicción y la naturaleza del negocio, pero, generalmente, debe incluir:

- Los tipos de información recopilada y su finalidad.
- Los terceros con los que se puede compartir la información y por qué. Las medidas de seguridad implementadas para proteger los datos.

- Los derechos del usuario respecto a sus datos, incluyendo el derecho a acceder, corregir, eliminar, y en algunos casos, a portar sus datos.
- La forma en que se comunicarán los cambios en la política de privacidad.

Un comercio electrónico que vende ropa podría recopilar datos como el nombre, la dirección, el número de teléfono, el correo electrónico y los datos de la tarjeta de crédito de un cliente para procesar y enviar el pedido. La política de privacidad de este comercio electrónico tendría que especificar esta recopilación y uso de los datos.

Fig. 24. Ejemplo de página de privacidad en una web de comercio electrónico

2. Términos de servicio

Los términos de servicio, también conocidos como términos y condiciones, establecen las reglas y directrices para el uso de una plataforma de comercio electrónico. Estos términos suelen cubrir temas como:

- Las condiciones para crear y mantener una cuenta. Las políticas de pago y envío.
- Las políticas de devolución y reembolso. Las políticas sobre la propiedad intelectual.
- La forma en que se resolverán las disputas (por ejemplo, a través de arbitraje en lugar de litigios judiciales).
- Las limitaciones de responsabilidad y las renuncias de garantías.

 **Ejemplo**

Los términos de servicio de un comercio electrónico pueden estipular que los usuarios deben tener al menos 18 años para crear una cuenta, que los precios están sujetos a cambios sin previo aviso, que los productos pueden devolverse dentro de un periodo de 30 días, y que las disputas serán resueltas a través de arbitraje.

En general, las políticas de privacidad y los términos de servicio son componentes esenciales de la seguridad y la transparencia en el comercio electrónico. Ayudan a establecer la confianza entre la plataforma y sus usuarios y son una herramienta clave para proteger los derechos y responsabilidades de ambas partes.

Resumen

A lo largo de esta unidad, se ha abordado los fundamentos del comercio electrónico y la gestión de transacciones. Se comenzó definiendo qué es el comercio electrónico, identificándolo como una modalidad de negocio que implica la compra y venta de productos o servicios a través de *Internet*.

Se han tratado diferentes tipos de comercio electrónico, incluyendo el B2C (*Business-to- Consumer*), B2B (*Business-to-Business*), C2C (*Consumer-to-Consumer*) y C2B (*Consumer-to-Business*), cada uno con sus características y particularidades. También se ha explorado el crecimiento exponencial del comercio electrónico en la última década, destacando su evolución desde plataformas *web* básicas hasta los sofisticados sistemas omnicanal que existen hoy en día.

Posteriormente, se ha ahondado en la legalidad del comercio electrónico, subrayando la importancia de entender y cumplir con la legislación y las normativas pertinentes. Se ha discutido sobre la ley LSSI-CE (Ley de Servicios de la Sociedad de la Información y de Comercio Electrónico), que regula la economía digital en España, y el RGPD (Reglamento General de Protección de Datos), que proporciona un marco para la protección de datos a nivel europeo. Adicionalmente, se ha revisado la Ley Orgánica de Protección de Datos Personales y garantía de los derechos digitales (LOPDGDD), que adapta el marco del RGPD al ordenamiento jurídico español.

En términos de seguridad, se han estudiado diferentes medidas y protocolos que pueden ser implementados para asegurar la protección de datos y transacciones en línea. Se ha explorado el uso de SSL/TLS para cifrar la información, la autenticación de dos factores (2FA) para fortalecer la seguridad de las cuentas de usuario, y la importancia de los firewalls y los sistemas de prevención de intrusiones para evitar ataques cibernéticos. Asimismo, se ha destacado la relevancia de los sistemas anti - fraude y el cumplimiento de PCI DSS en la protección de datos del titular de la tarjeta.

Finalmente, se ha hecho hincapié en la gestión de transacciones y la creación de valor en el comercio electrónico y aprendido sobre la importancia de la comunicación efectiva, ya sea a través de descripciones detalladas de productos, interacción directa con los clientes o estrategias de *marketing* y promoción. También se ha destacado la creación de valor en un entorno organizativo, con un énfasis en la experiencia del cliente, la identidad de marca y las relaciones duraderas con los clientes.

Glosario

Autenticación de dos factores (2FA)

Método de seguridad que requiere que los usuarios verifiquen su identidad mediante dos métodos diferentes antes de que puedan acceder a su cuenta o realizar una transacción.

B2B (*Business-to-Business*)

Modelo de comercio electrónico en el que las transacciones de bienes o servicios se realizan entre empresas.

B2C (*Business-to-Consumer*)

Modelo de comercio electrónico en el que las empresas venden directamente a los consumidores.

C2B (*Consumer-to-Business*)

Modelo de comercio electrónico en el que los individuos venden productos o servicios a empresas.

C2C (*Consumer-to-Consumer*)

Modelo de comercio electrónico en el que los consumidores venden directamente a otros consumidores, generalmente a través de una plataforma en línea que facilita estas transacciones.

Comercio electrónico (*e-commerce*)

Modalidad de negocio que implica la compra y venta de productos o servicios a través de *Internet*.

Email Marketing

Estrategia de *marketing* digital que implica el envío de correos electrónicos a una lista de contactos con el objetivo de promocionar productos o servicios, generar *engagement* y fidelizar a los clientes.

Experiencia del cliente

Percepción del cliente sobre todas las interacciones que ha tenido con una empresa, desde la navegación inicial en el sitio *web* hasta el servicio post-venta.

Firewall

Medida de seguridad que monitorea y controla el tráfico de red basándose en reglas de seguridad predefinidas para prevenir accesos no autorizados.

LOPDGDD (Ley Orgánica de Protección de Datos Personales y garantía de los derechos digitales)

Ley española que adapta el marco del RGPD al ordenamiento jurídico español y proporciona una serie de derechos digitales.

LSSI-CE (Ley de Servicios de la Sociedad de la Información y de Comercio Electrónico)

Ley que regula la economía digital en España.

PCI DSS (*Payment Card Industry Data Security Standard*)

Conjunto de normas que todos los comerciantes que aceptan tarjetas de crédito deben seguir para proteger los datos de los titulares de tarjetas.

Política de privacidad

Documento legal que detalla cómo una empresa recopila, guarda, protege y comparte los datos personales de los usuarios.

RGPD (Reglamento General de Protección de Datos)

Reglamento de la Unión Europea que proporciona un marco para la protección de los datos personales en Europa.

SEO (*Search Engine Optimization*)

Práctica de optimizar contenido *web* para mejorar su visibilidad y su posicionamiento en los resultados de los motores de búsqueda.

Sistema anti-fraude

Herramienta o *software* que utiliza algoritmos para detectar y prevenir transacciones fraudulentas en el comercio electrónico.

SSL/TLS (*Secure Sockets Layer / Transport Layer Security*)

Protocolos de seguridad que cifran la información enviada entre un navegador *web* y un servidor *web*, protegiendo los datos del cliente durante la transmisión.

Ejercicios de autoevaluación

1. ¿Qué es el comercio electrónico?

    a. Es la venta de bienes físicos a través de una tienda física.

    b. Es el intercambio de bienes y servicios por medio de correspondencia postal.

    c. Es la compra y venta de bienes o servicios a través de *Internet*.

    d. Es la venta exclusiva de bienes digitales.

2. ¿Cuál de los siguientes es un modelo B2B en comercio electrónico?

    a. Amazon vendiendo un libro a un cliente.

    b. Una empresa de software vendiendo su producto a otra empresa.

    c. Un usuario vendiendo un artículo usado en eBay.

    d. Un cliente solicitando un diseño personalizado a un artista.

3. Según la LSSI-CE, ¿qué deben hacer los prestadores de servicios de la sociedad de la información?

    a. Proporcionar siempre productos gratuitos para los clientes.

    b. No permitir transacciones en línea.

    c. Informar claramente sobre los términos y condiciones, los precios y los impuestos, y su información de identificación.

    d. Solo proporcionar servicios a los residentes dentro de su propio país.

4. ¿Qué es el RGPD?

    a. Un regulador de precios de productos en Europa.

    b. Un reglamento de la Unión Europea para la protección de datos personales.

    c. Una ley española para regular la actividad comercial en línea.

    d. Una regulación estadounidense para la privacidad de los datos.

5. ¿Qué indica el candado verde o la palabra "seguro" en un sitio *web*?

a. Que el sitio *web* tiene contenido premium.

b. Que el sitio *web* es propiedad de una entidad gubernamental.

c. Que el sitio *web* utiliza SSL o TLS para cifrar la información transmitida entre el navegador y el servidor.

d. Que el sitio web ha ganado un premio por su diseño.

6. ¿Qué es la Autenticación de dos factores (2FA)?

a. Un proceso en el que un usuario debe recordar dos contraseñas.

b. Un proceso que exige a los usuarios comprar dos productos a la vez.

c. Un método de seguridad que requiere la verificación de la identidad del usuario a través de dos métodos diferentes.

d. Un método que requiere a los usuarios llenar dos formularios antes de hacer una compra.

7. ¿Qué es un *Firewall* en el contexto de la seguridad en línea?

a. Una barrera física para proteger el *hardware* de los ordenadores.

b. Una medida de seguridad que monitoriza y controla el tráfico de red para prevenir accesos no autorizados.

c. Una estrategia de *marketing* para atraer clientes.

d. Un *software* que impide que los usuarios visiten ciertos sitios web.

8. ¿Qué es PCI DSS en el contexto de comercio electrónico?

a. Es un método de pago en línea popular.

b. Es un conjunto de normas para proteger los datos de los titulares de tarjetas de crédito.

c. Es un algoritmo de predicción de ventas.

d. Es un tipo de formato de archivo digital.

9. ¿Qué es el *Email Marketing* en el contexto de la comunicación en comercio electrónico?

a. Es el proceso de envío de correos físicos a los clientes.

b. Es una estrategia de *marketing* que implica el envío de correos electrónicos a una lista de contactos para promocionar productos o servicios.

c. Es la práctica de responder a los correos electrónicos de los clientes.

d. Es un *software* de procesamiento de texto utilizado para redactar correos electrónicos.

10.¿Qué es la experiencia del cliente en el comercio electrónico?

a. Es la cantidad de productos que un cliente compra.

b. Es el precio que un cliente está dispuesto a pagar.

c. Es la percepción del cliente sobre todas las interacciones que ha tenido con una empresa.

d. Es la cantidad de tiempo que un cliente pasa en una tienda física.

Módulo 2. Administración electrónica

Introducción

La administración electrónica y el comercio electrónico son dos caras de la misma moneda: la transformación digital. Si bien cada uno tiene sus propias características y enfoques, ambos comparten una base común de utilizar la tecnología para simplificar, acelerar y mejorar los procesos tradicionales. Ambos representan el paso de interacciones manuales y basadas en papel a interacciones digitales, automatizadas y basadas en datos, y ambos tienen un impacto directo en la eficiencia, la eficacia y la experiencia del usuario.

La administración electrónica, o e-gobierno, hace referencia a la implementación de sistemas y herramientas digitales por parte de las entidades gubernamentales para facilitar la prestación de servicios públicos. Estos servicios pueden ir desde la emisión de licencias y permisos hasta la gestión de impuestos y servicios de salud. La administración electrónica, al digitalizar estos servicios, no solo facilita la vida de los ciudadanos al ahorrarles tiempo y esfuerzo, sino que también permite a las administraciones públicas operar de manera más transparente y eficiente. Esto, en última instancia, contribuye a la construcción de una sociedad más informada y conectada, en la que los ciudadanos pueden acceder a servicios y realizar trámites sin tener que desplazarse físicamente o esperar en largas colas.

Por otro lado, el comercio electrónico, que comenzó como una novedad en la década de 1990, ha crecido exponencialmente y se ha convertido en una parte integral de la economía mundial. Las empresas que tradicionalmente operaban en espacios físicos han reconocido el potencial de ampliar su alcance a través de plataformas en línea, permitiendo a los consumidores comprar productos y servicios con solo unos pocos clics. Sin embargo, para que este modelo funcione de manera efectiva, es fundamental contar con un respaldo sólido de procesos administrativos electrónicos.

Aquí es donde la administración electrónica y el comercio electrónico se entrelazan. Por ejemplo, una tienda en línea que vende productos a nivel internacional. Esta empresa dependerá de una serie de servicios administrativos, desde la obtención de licencias de exportación hasta el pago de impuestos y tarifas. Si estos servicios se ofrecen a través de plataformas de administración electrónica, el proceso se vuelve más ágil y eficiente, eliminando barreras comerciales y reduciendo la fricción para las empresas.

Además, el auge del comercio electrónico ha llevado a una demanda creciente de soluciones digitales en áreas como el pago de impuestos, la gestión de aduanas y la logística. Una infraestructura de administración electrónica bien desarrollada puede responder a estas necesidades, ofreciendo soluciones digitales que faciliten el comercio electrónico.

Por ejemplo, los sistemas aduaneros electrónicos pueden acelerar el proceso de envío y recepción de mercancías, mientras que los portales de pago de impuestos en línea pueden simplificar la gestión financiera para las empresas.

La administración electrónica también tiene un impacto directo en la confianza del consumidor. Cuando un consumidor realiza una compra en línea, confía en que el proceso será seguro y que sus datos estarán protegidos. Este nivel de confianza se fortalece cuando hay sistemas gubernamentales robustos que respaldan estas transacciones. Las regulaciones sobre protección de datos, autenticación digital y seguridad cibernética, implementadas y supervisadas por entidades gubernamentales, juegan un papel vital en la construcción de ese entorno de confianza.

Objetivos

- Comprender los conceptos clave de la administración electrónica y el comercio electrónico, incluyendo autenticación, firma electrónica y seguridad.
- Analizar la interacción entre administración y comercio electrónico.
- Utilizar los conceptos aprendidos para entender y participar en situaciones prácticas como transacciones seguras en línea y procesos de licitación electrónica.

1. Manejo seguro de intercambio de información y gestión de trámites con las administraciones públicas

La digitalización de la administración pública ha llevado a una transformación en la forma en que los ciudadanos y las empresas interactúan con el gobierno. El manejo seguro del intercambio de información y la gestión de trámites con las administraciones públicas es ahora un componente esencial de esta interacción. A medida que los servicios gubernamentales se vuelven cada vez más accesibles en línea, la necesidad de garantizar la seguridad y la privacidad de la información se vuelve aún más crítica.

Además, la complejidad de la gestión de trámites en línea requiere una consideración cuidadosa de múltiples factores, incluyendo la tecnología, la legislación y las políticas de seguridad. La autenticación, la criptografía y el cumplimiento de las normativas son aspectos clave que deben ser gestionados con precisión. La colaboración y la coordinación entre diferentes entidades gubernamentales, la industria y los ciudadanos son vitales para asegurar un entorno en línea seguro y eficiente, que permita una administración pública más ágil y centrada en el usuario.

En cuanto al intercambio seguro de información y gestión de trámites, es necesario analizar una serie de aspectos importantes:

A. Criptografía

En la era digital, donde se vive rodeado de tecnología y los datos circulan constantemente por la *web*, la seguridad se ha convertido en un pilar fundamental. Aquí es donde entra en juego la criptografía, una de las herramientas más potentes para garantizar que nuestra información viaje de forma segura y confidencial a través de las vastas redes de comunicación.

Vocabulario

La **criptografía** se define como la técnica que permite que la información se transmita de forma segura. Pero, ¿cómo lo logra? Básicamente, transforma los datos originales (conocidos como texto claro) en un conjunto de caracteres aparentemente aleatorios, llamado texto cifrado. Este proceso se realiza mediante algoritmos específicos y claves que solo el emisor y el receptor conocen. De esta manera, incluso si alguien intercepta el mensaje, no será capaz de entenderlo a menos que tenga la clave para descifrarlo.

La importancia de la criptografía radica en dos pilares fundamentales:

- **Confidencialidad**: Asegura que solo el receptor previsto pueda acceder al contenido del mensaje. Esto es esencial, por ejemplo, cuando se realizan transacciones bancarias en línea, ya que se pretende que solo el banco, y nadie más, pueda ver los detalles de las operaciones.

- **Integridad**: Además de mantener el mensaje privado, es vital garantizar que este no haya sido modificado durante su transmisión. La criptografía ofrece mecanismos para verificar que el contenido que el receptor recibe es exactamente el mismo que el emisor envió, sin alteraciones.

Ambos pilares se sustentan en una tercera característica intrínseca de la criptografía: la autenticidad. Es fundamental saber que la persona o entidad con la que se está comunicando es realmente quien dice ser. Esto evita suplantaciones de identidad o intentos de fraude.

Ejemplo

Para comprender mejor el funcionamiento y la importancia de la criptografía, consideremos el ejemplo de Juan. Es el mes de abril, y Juan decide presentar su declaración de impuestos en línea, utilizando un portal gubernamental. Al introducir toda su información financiera, datos personales y demás detalles, es natural que sienta preocupación por su privacidad y seguridad.

Al hacer clic en el botón de "enviar", el sistema del portal aplica automáticamente técnicas criptográficas. La información de Juan, en lugar de ser enviada tal cual, se cifra, transformándose en un conjunto de caracteres que, a simple vista, no tienen sentido. Esto se realiza mediante un algoritmo específico y una clave que solo el portal gubernamental y Juan conocen.

Una vez que la información cifrada llega a su destino, la agencia tributaria utiliza la clave para descifrarla y recuperar los datos originales de Juan, tal como él los introdujo. Si en el camino, un hacker intentara interceptar la transmisión, se encontraría con un montón de caracteres sin sentido, sin poder acceder a la información real de Juan.

Este simple acto, que se realiza en cuestión de segundos, garantiza que los datos de Juan estén protegidos. Le brinda la confianza de saber que puede realizar trámites en línea de manera segura, y le asegura que su información solo será vista por quien debe verla.

Recuerda

Vivimos en un mundo donde la información es poder. La criptografía, entonces, se erige como el escudo protector que garantiza que ese poder se maneje de forma adecuada y segura, evitando que caiga en manos equivocadas. Ya sea al enviar una declaración de impuestos, hacer una compra en línea o simplemente chatear con amigos, la criptografía está allí, trabajando silenciosamente en segundo plano, para mantener nuestra información a salvo. Es, sin duda, uno de los pilares más sólidos de la seguridad en la era digital.

B. Autenticación

En la era digital actual, la cantidad de servicios y plataformas que requieren acceso a la información personal ha crecido exponencialmente. Cada vez que alguien se registra en una nueva red social, realiza una compra en línea o, incluso, accede a su cuenta bancaria, está pasando por un proceso de autenticación. Pero, veamos a continuación, qué es exactamente la autenticación y por qué es tan importante en el mundo digital.

Vocabulario

La **autenticación** se refiere al proceso de verificar la identidad de un usuario o sistema. Es el método mediante el cual un sistema informático asegura que "tú eres realmente tú". Este proceso se basa en una serie de credenciales que el usuario proporciona, que pueden ir desde algo que el usuario conoce (como una contraseña), algo que posee (como una tarjeta inteligente o un DNIe) o algo inherente al usuario (como una huella dactilar o reconocimiento facial).

A continuación, se expone por qué tiene tanta importancia la autenticación:

- **Privacidad y seguridad**: La autenticación garantiza que la información personal y profesional se mantenga segura y fuera del alcance de personas no autorizadas. En un mundo donde el robo de identidad y el fraude están a la orden del día, contar con sistemas robustos de autenticación es esencial.

- **Personalización**: En el ámbito de los servicios digitales, una autenticación adecuada permite que los sistemas nos ofrezcan experiencias personalizadas. Desde recomendaciones de películas en una plataforma de *streaming* hasta ofertas personalizadas en una tienda en línea, todo es posible gracias a la autenticación.

- **Responsabilidad y auditoría**: En entornos profesionales o gubernamentales, la autenticación no solo protege el acceso a la información, sino que también garantiza que las acciones realizadas se puedan atribuir a un individuo específico. Esto es determinante, por ejemplo, cuando se trata de transacciones financieras o decisiones administrativas.

- **Facilita las transacciones electrónicas**: La autenticación es esencial para realizar transacciones en línea de forma segura. Al garantizar que las partes involucradas sean realmente quienes dicen ser, se genera confianza y se evitan posibles fraudes.

Ejemplo

María, como buena ciudadana digital, necesita acceder a una sede electrónica para consultar la información relativa a su declaración de impuestos. Sin embargo, la información fiscal es sensible y no puede estar al alcance de cualquier persona que simplemente visite el sitio *web*. Aquí es donde entra en juego el proceso de autenticación.

Para acceder a su perfil, María utiliza su DNIe, el Documento Nacional de Identidad electrónico. Este documento, más allá de ser una simple tarjeta, contiene un chip que guarda información criptográfica y permite que María se autentique en servicios electrónicos.

Al insertar su DNIe en un lector especial y escribir su PIN, María está proporcionando dos factores de autenticación: algo que posee (el DNIe) y algo que conoce (el PIN). Esta combinación aumenta considerablemente el nivel de seguridad, haciendo prácticamente imposible que alguien pueda acceder a la cuenta de María sin tener ambos elementos.

Una vez que la sede electrónica verifica la información del DNIe de María y su PIN coincide, le permite acceder a su perfil. Ahora puede consultar, modificar o incluso descargar su información fiscal con la certeza de que está protegida y que solo ella, con su DNIe, puede acceder en el futuro.

La autenticación es una herramienta vital, pero también está en constante evolución. Con la aparición de nuevas tecnologías y métodos de ataque, es esencial que los sistemas de autenticación se adapten y mejoren constantemente.

El futuro de la autenticación apunta hacia soluciones más integradas y naturales para el usuario. Desde sistemas de autenticación biométrica, como el reconocimiento facial o el escaneo de iris, hasta soluciones basadas en comportamiento, donde los sistemas aprenderán y reconocerán patrones únicos de comportamiento del usuario, como la forma en que teclea o mueve el *mouse*.

La autenticación es, sin duda, la primera línea de defensa en el vasto mundo digital. Al garantizar que los usuarios sean quienes dicen ser, protege nuestra información, ofrece experiencias personalizadas y genera confianza en las transacciones en línea. A medida que la tecnología avanza, también lo hacen los métodos de autenticación, prometiendo un futuro aún más seguro y personalizado para todos los usuarios.

C. Control de acceso

En una era dominada por la digitalización, el almacenamiento de datos y la necesidad de protegerlos, se ha convertido en un imperativo para organizaciones de todo tipo, desde gobiernos hasta empresas privadas y particulares. Aquí es donde el control de acceso desempeña un papel fundamental, actuando como una barrera inicial contra intrusos y amenazas potenciales.

 **Vocabulario**

Control de acceso se refiere al conjunto de medidas y protocolos que determinan quién o qué tiene permiso para acceder a ciertos datos, sistemas o recursos en un entorno informático. Estos controles pueden ser físicos, como puertas y cerraduras, o digitales, como contraseñas, autenticación biométrica o tarjetas inteligentes.

La importancia del control de acceso reside en los siguientes puntos:

- **Protección de datos sensibles**: Ya sea información financiera, detalles personales de clientes o datos gubernamentales, el control de acceso garantiza que solo las personas autorizadas tengan acceso. Según el RGPD, son datos sensibles:

  - Origen étnico o racial
  - Opiniones políticas
  - Convicciones filosóficas y religiosas
  - Afiliación sindical
  - Genética
  - Biométricos
  - Salud
  - Vida sexual
  - Orientación sexual

- **Cumplimiento regulatorio**: Muchas industrias están sujetas a regulaciones que requieren la protección de ciertos datos. Un control de acceso adecuado ayuda a las organizaciones a cumplir con estos requisitos.

- **Prevención de amenazas internas**: No todas las amenazas provienen del exterior. A veces, los empleados o colaboradores pueden ser la fuente de fugas de datos, ya sea intencionalmente o por accidente. Al restringir el acceso solo a aquellos que realmente necesitan la información, se reduce este riesgo.

- **Eficiencia operativa**: Al asegurarse de que los empleados solo tengan acceso a los sistemas y datos que necesitan para realizar su trabajo, las organizaciones pueden operar de manera más eficiente y segura.

A continuación, se muestran los distintos tipos de control de acceso:

- **Control de acceso discrecional (DAC)**: En este modelo, el propietario de la información decide quién puede acceder a ella. Es típico en sistemas operativos donde los usuarios tienen cierta libertad para determinar permisos para sus archivos.

- **Control de acceso obligatorio (MAC)**: En el MAC, los usuarios no pueden determinar quién tiene acceso a sus archivos. En su lugar, el sistema decide basado en etiquetas de seguridad. Es común en entornos militares o de alta seguridad.

- **Control de acceso basado en roles (RBAC)**: Aquí, los derechos de acceso se basan en el papel o función del usuario dentro de la organización. Por ejemplo, un gerente podría tener diferentes permisos que un empleado de base.

- **Control de acceso basado en atributos (ABAC)**: Este método utiliza atributos como la ubicación, el tiempo o el tipo de dispositivo para decidir el acceso.

A medida que las tecnologías avanzan y los ciberdelincuentes se vuelven más sofisticados, los desafíos asociados con el control de acceso también evolucionan. Las organizaciones deben asegurarse de que sus protocolos se actualicen regularmente. Además, con la adopción de la nube y la creciente movilidad de los empleados, se requiere un enfoque más matizado y dinámico del control de acceso.

 **Ejemplo**

Imagina un ayuntamiento con miles de registros de ciudadanos. Cada departamento se ocupa de diferentes aspectos de la administración municipal, desde impuestos hasta servicios públicos y urbanismo.

Un empleado del departamento de urbanismo necesita acceder regularmente a los registros relacionados con permisos de construcción, zonificación y planificación urbana. Sin embargo, no tiene por qué acceder a los datos fiscales de los ciudadanos ni a sus expedientes médicos. Gracias al control de acceso, cuando este empleado inicia sesión en el sistema municipal, solo ve la información que es relevante para su función. Además, si intenta acceder a información fuera de su jurisdicción, el sistema le negará el acceso.

D. Protocolos de seguridad

Los protocolos de seguridad son conjuntos estandarizados de reglas y procedimientos que determinan cómo se transmiten, cifran y autentican los datos a través de redes de comunicación. Su principal función es garantizar que la información intercambiada entre dos partes (ya sean dispositivos o personas) lo haga de manera segura, manteniendo la privacidad y la integridad de los datos.

Su importancia es debida a una serie de aspectos:

- **Confidencialidad**: Garantizan que la información enviada entre dos puntos no pueda ser leída por terceros no autorizados.

- **Integridad**: Se aseguran de que los datos enviados no se alteren durante su transmisión.

- **Autenticación**: Verifican la identidad de las partes involucradas en la comunicación.

- **Protección contra amenazas específicas**: Defienden contra ataques comunes como el "*man-in-the-middle*", donde un actor malicioso intenta interceptar y, posiblemente, modificar la comunicación entre dos partes.

Algunos protocolos de seguridad destacados son:

---

1. IPsec (Protocolo de Seguridad IP)

Utilizado para proteger comunicaciones a nivel de red, IPsec puede operar en dos modos: modo de transporte y modo túnel. Se usa ampliamente en VPNs (Redes Privadas Virtuales) para garantizar comunicaciones seguras.

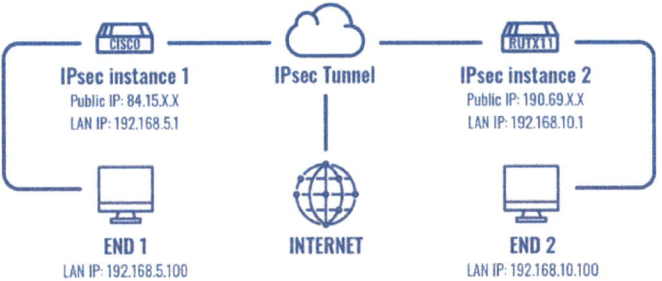

Fig. 1. IPsec funciona encapsulando y cifrando paquetes de datos en una red

---

2. SSL/TLS (*Secure Socket Layer / Transport Layer Security*)

Estos protocolos protegen la transmisión de datos en la *web*, siendo TLS la versión más moderna y segura de SSL. Ambos trabajan cifrando los datos entre, por ejemplo, un sitio *web* y el navegador del usuario.

---

3. SSH (*Secure Shell*)

Principalmente utilizado para acceder de forma segura a máquinas remotas, SSH cifra la sesión, evitando que
las contraseñas y los datos transmitidos sean interceptados en texto claro.

---

4. SSH (*Secure Shell*)

Se usa para cifrar y firmar digitalmente correos electrónicos, garantizando la confidencialidad y autenticidad de los mensajes enviados y recibidos.

---

5. Kerberos

Un protocolo de autenticación que utiliza "tickets" para permitir que nodos se comuniquen de manera segura en una red no segura.

Imagina una empresa multinacional con sedes en diferentes países. Los empleados necesitan acceder a servidores remotos, enviar correos electrónicos confidenciales y realizar reuniones virtuales seguras:

- **IPsec**: Cuando un empleado en Madrid necesita acceder a datos alojados en un servidor en Nueva York, puede usar una VPN protegida con IPsec, asegurando que su conexión sea segura y privada, incluso si utiliza una red *Wi-Fi* pública.

- **SSH**: Si un administrador de sistemas en Tokio necesita realizar ajustes en un servidor ubicado en París, puede utilizar SSH para conectarse de manera remota, garantizando que su sesión esté cifrada y protegida.

- **S/MIME**: Cuando se envía un correo electrónico que contiene información financiera desde la sede de Londres a la de Sidney, utilizando S/MIME se puede cifrar y firmar digitalmente el correo, garantizando que solo el destinatario previsto pueda leerlo y verificando que realmente provenga de la sede de Londres.

A medida que evoluciona la tecnología y se adoptan nuevas formas de comunicación, los protocolos de seguridad también deben adaptarse. Las organizaciones enfrentan desafíos como el crecimiento del *Internet* de las cosas (IoT), donde cada dispositivo conectado representa un potencial punto de entrada para atacantes.

Además, la creciente sofisticación de los ciberataques exige una constante actualización y adaptación de estos protocolos. La adopción de tecnologías emergentes, como la computación cuántica, también plantea desafíos y oportunidades para redefinir la seguridad en las comunicaciones.

Recuerda

Los protocolos de seguridad no son solo conjuntos técnicos de reglas. Son fundamentales para garantizar la confianza en las comunicaciones digitales, permitiendo que la sociedad, las empresas y las personas interactúen en un entorno seguro y confiable. A medida que el mundo se vuelve más interconectado, la importancia de estos protocolos solo aumentará, y con ella, la necesidad de mantenerlos actualizados y a la vanguardia de la innovación tecnológica.

E. Auditorías y monitoreo

En el ámbito digital, la información es el activo más valioso. Ya sea información personal, financiera, o gubernamental, es esencial garantizar su integridad y confidencialidad. Las auditorías y el monitoreo son dos herramientas clave en la preservación y protección de esta información, actuando como centinelas que vigilan y analizan constantemente los sistemas y redes en busca de actividad no deseada.

**Vocabulario**

El **Monitoreo** es la observación y registro continuo de la actividad en sistemas y redes. Los sistemas de monitoreo están diseñados para detectar, en tiempo real, cualquier actividad o comportamiento anómalo.

Las **Auditorías** se refieren a la revisión sistemática y exhaustiva de sistemas, aplicaciones y redes. Estas revisiones pueden ser tanto físicas como lógicas y buscan identificar vulnerabilidades, errores o cualquier otra irregularidad que pueda comprometer la seguridad de la información.

Las auditorías y monitoreo son herramientas clave por los siguientes motivos:

- **Detección temprana de amenazas**: Un buen sistema de monitoreo puede detectar y alertar sobre actividades sospechosas en tiempo real, permitiendo a los equipos de seguridad responder rápidamente y mitigar posibles daños.

- **Cumplimiento normativo**: Muchas organizaciones están sujetas a regulaciones que exigen auditorías regulares de sus sistemas y prácticas de seguridad para garantizar la protección de datos sensibles.

- **Mejora Continua**: Las auditorías proporcionan *feedback* esencial para mejorar la infraestructura y políticas de seguridad.

- **Confianza**: Saber que existen procesos para supervisar y evaluar la seguridad refuerza la confianza de clientes, socios y *stakeholders*.

- **Historial de actividades**: El monitoreo continuo asegura un registro de todas las actividades, facilitando la investigación en caso de brechas o incidentes de seguridad.

Fig. 2. La implementación de sistemas de monitoreo de incidentes implica la orquestación de mecanismos para observar eventos de seguridad, registrar incidentes y desentrañar patrones que podrían significar posibles brechas de seguridad

En la actualidad, existen una serie de desafíos que también podrán afectar al futuro de estas herramientas:

- **Gran volumen de datos**: Con la digitalización y la creciente conectividad, el volumen de datos a monitorear ha crecido exponencialmente, lo que exige herramientas más sofisticadas y especializadas.

- **Amenazas en evolución**: Los actores maliciosos están constantemente desarrollando nuevos métodos de ataque, lo que exige una actualización y adaptación continua de las herramientas y métodos de auditoría y monitoreo.

- **Falsos positivos**: Un desafío en el monitoreo es evitar alertas innecesarias o falsos positivos que puedan desviar recursos y atención.

- **Privacidad**: El monitoreo, especialmente de empleados, debe equilibrar la seguridad con el respeto a la privacidad y los derechos individuales.

Ejemplo

Se muestran algunos ejemplos de aplicación de auditorías y monitoreo:

- **Incidentes de seguridad**: En una organización financiera, un sistema de monitoreo detecta múltiples intentos de acceso desde una ubicación geográfica inusual. Al recibir la alerta, el equipo de seguridad puede bloquear rápidamente el acceso, evitando una posible brecha de seguridad.

- **Cumplimiento regulatorio**: Una empresa de salud realiza una auditoría de su infraestructura tecnológica para cumplir con regulaciones de protección de datos médicos. La auditoría descubre que cierta información sensible no está siendo cifrada adecuadamente y se toman medidas correctivas.

- **Revisión de políticas**: Una organización gubernamental, tras una auditoría interna, descubre que no todos los empleados están siguiendo las políticas de gestión de contraseñas. Esto lleva a una renovación de la capacitación y a ajustes en la política.

Recuerda

La seguridad de la información es esencial en la era digital. Las auditorías y el monitoreo son dos pilares que garantizan que los sistemas y redes estén protegidos, funcionen correctamente y estén libres de amenazas. A medida que el paisaje digital continúa evolucionando, la importancia de estas herramientas solo crecerá, haciendo imperativo para las organizaciones invertir y enfocar recursos adecuados hacia estas áreas críticas de seguridad.

F. Educación y capacitación

La educación y capacitación en seguridad informática consisten en proporcionar a individuos y organizaciones el conocimiento, habilidades y herramientas necesarias para protegerse en el vasto mundo digital. Estos programas educativos abarcan una amplia variedad de temas, desde el reconocimiento de correos electrónicos de phishing hasta la gestión adecuada de contraseñas y la configuración correcta de sistemas y redes.

Las características relevantes de estas herramientas son las siguientes:

- **Punto de vulnerabilidad humano**: Si bien es esencial tener tecnología avanzada para la seguridad, el factor humano sigue siendo el eslabón más débil en la cadena de seguridad.
- **Adaptación a nuevas amenazas**: El paisaje de amenazas digitales está en constante evolución. La educación regular ayuda a mantener a las

Fig. 3. La falta de conocimiento o la complacencia pueden resultar en brechas significativas

personas informadas sobre las últimas tácticas de los ciberdelincuentes.
- **Protección proactiva**: La capacitación empodera a los individuos para que actúen proactivamente en la defensa de sus datos, en lugar de reaccionar después de que ha ocurrido una brecha.
- **Cultura de seguridad**: Una fuerza laboral educada contribuye a crear una cultura organizativa donde la seguridad es una prioridad y no una idea de último momento.

En el ámbito corporativo, una compañía puede llevar a cabo simulaciones de phishing para enseñar a sus empleados cómo reconocer intentos de estafa. Al hacerlo, están fortaleciendo su primera línea de defensa.

Las universidades y escuelas pueden implementar programas de educación en ciberseguridad como parte de sus currículos, preparando a las futuras generaciones para los desafíos del mundo digital.

Se detallan, a continuación, los componentes de un programa efectivo de educación y capacitación:

- **Evaluación de necesidades**: Antes de implementar cualquier programa, es esencial evaluar las necesidades específicas de la organización o comunidad.
- **Contenido actualizado**: El material de capacitación debe ser relevante y reflejar las amenazas y desafíos actuales.
- **Métodos de enseñanza diversos**: No todos aprenden de la misma manera. Un programa efectivo podría incluir talleres, simulaciones, videos, juegos y evaluaciones.
- **Refuerzo regular**: La capacitación en ciberseguridad no es un evento único. Debe reforzarse regularmente para mantener la información fresca y relevante.
- *Feedback* **y adaptación**: Los programas de capacitación deben ser flexibles y adaptarse según los comentarios y las necesidades cambiantes de los participantes.

Pero, del mismo modo que con la auditoría y monitoreo mencionados anteriormente, también se encuentran una serie de desafíos y consideraciones:

- **Resistencia al cambio**: A menudo, las personas están acostumbradas a hacer las cosas de una cierta manera y pueden resistirse a cambiar sus hábitos, incluso si es por su bien.
- **Sobrecarga de información**: La ciberseguridad es un campo amplio. La capacitación debe ser presentada de manera que no abrume a los participantes.
- **Costo y recursos**: La implementación de programas de educación y capacitación puede requerir una inversión significativa en términos de tiempo, dinero y recursos.

Recuerda

La educación y capacitación en ciberseguridad no son solo una inversión en tecnología o procesos, sino una inversión en personas. Al empoderar a las personas con el conocimiento y las herramientas necesarias para protegerse en línea, estamos dando pasos proactivos hacia un futuro digital más seguro para todos. Mientras que la tecnología avanzará y las amenazas evolucionarán, una base sólida de educación y capacitación proporcionará una constante en la batalla siempre cambiante contra las amenazas cibernéticas.

En España, gracias a la modernización y digitalización de la administración pública, las empresas pueden realizar una amplia variedad de trámites de forma electrónica, facilitando la interacción, agilizando procesos y ahorrando tiempo y recursos.

Algunos de los trámites que las empresas pueden realizar electrónicamente con la administración incluyen:

- **Creación de empresas**: A través del sistema de tramitación telemática desarrollado por el Centro de Información y Red de Creación de Empresas (CIRCE), es posible constituir sociedades de responsabilidad limitada de forma telemática.

- **Presentación de impuestos y declaraciones tributarias**: Las empresas pueden presentar y liquidar impuestos como el IVA, el Impuesto de Sociedades o las retenciones de IRPF a través de la sede electrónica de la Agencia Tributaria.

- **Trámites laborales**: Las empresas pueden realizar trámites relacionados con la Seguridad Social, como la afiliación, altas y bajas de trabajadores, y la presentación de cotizaciones, a través del Sistema RED.

- **Solicitudes de licencias y permisos**: Dependiendo de la administración local, las empresas pueden solicitar telemáticamente licencias de apertura, licencias de obra, permisos medioambientales, entre otros.

- **Registro Mercantil**: Las empresas pueden solicitar notas simples, presentar cuentas anuales, inscribir actos o acceder a la información del registro de forma telemática.

- **Participación en licitaciones públicas**: A través de las plataformas de contratación del sector público, las empresas pueden acceder a licitaciones, presentar ofertas y realizar el seguimiento de sus propuestas.

- **Comunicaciones oficiales**: Las empresas pueden recibir y enviar notificaciones electrónicas a las diferentes administraciones públicas a través de las sedes electrónicas correspondientes.

- **Acceso a subvenciones y ayudas**: Las empresas pueden solicitar y gestionar ayudas y subvenciones ofrecidas por diversas administraciones de forma telemática.

- **Presentación de recursos y reclamaciones**: En caso de desacuerdo con decisiones administrativas, las empresas pueden presentar recursos y reclamaciones de forma electrónica.

- **Realización de pagos**: Las empresas pueden efectuar pagos relacionados con tasas, sanciones o cualquier otro concepto a las diferentes administraciones públicas de manera telemática.

- **Trámites aduaneros**: Las empresas que realizan actividades de importación o exportación pueden gestionar trámites aduaneros, como la presentación de declaraciones sumarias o el despacho de mercancías, a través de la sede electrónica de la Agencia Tributaria.

- **Acceso a información pública**: A través del Portal de Transparencia y las sedes electrónicas, las empresas pueden acceder a información de interés, como estadísticas, informes o datos públicos.

- **Gestión de datos de carácter personal**: Las empresas pueden comunicar la inscripción, modificación o supresión de ficheros con datos de carácter personal ante la Agencia Española de Protección de Datos.

Fig. 4. Sistema RED para trámites laborales

2. Las nuevas relaciones con la administración

La digitalización está transformando la forma en que los ciudadanos interactúan con las instituciones gubernamentales. Este cambio no solo implica una transición hacia plataformas en línea para la realización de trámites y servicios, sino también un cambio cultural y estructural en la administración pública. La administración electrónica no solo busca hacer más eficientes y accesibles los servicios gubernamentales, sino también fomentar la transparencia y la participación ciudadana. En los siguientes apartados, se va a abordar cómo se está llevando a cabo esta transformación, con un enfoque particular en el contexto español.

En el contexto de la administración electrónica, los trámites electrónicos con entidades gubernamentales representan un avance significativo en la forma en que los ciudadanos, empresas y otras organizaciones interactúan con el gobierno. Estos trámites electrónicos permiten la realización de diversas transacciones y procesos a través de medios digitales, mejorando la eficiencia, accesibilidad y transparencia. La utilización de certificados digitales juega un papel crítico en este proceso, asegurando la autenticidad, integridad y confidencialidad de la información intercambiada.

Las características de los trámites electrónicos son las siguientes:

- **Accesibilidad**: Los trámites electrónicos permiten a los usuarios acceder a servicios gubernamentales desde cualquier lugar y en cualquier momento, siempre que tengan una conexión a *Internet*.

- **Eficiencia**: La digitalización de los trámites reduce la necesidad de papeleo y visitas presenciales, acelerando los procesos y ahorrando tiempo y recursos tanto para el gobierno como para los ciudadanos.

- **Transparencia**: Los trámites electrónicos ofrecen una mayor transparencia en los procesos gubernamentales, permitiendo un seguimiento en tiempo real y una mayor rendición de cuentas.

- **Inclusión**: Facilitan la participación de personas que pueden tener dificultades para acceder a los servicios gubernamentales tradicionales, como aquellos en áreas remotas o con movilidad reducida.

En un mundo dominado por la revolución digital, las formas tradicionales de interacción entre las instituciones gubernamentales y los ciudadanos han evolucionado a pasos agigantados. La Administración Electrónica, o e- administración, se ha convertido en un pilar fundamental para modernizar y simplificar estas interacciones.

La historia del gobierno y sus interacciones con los ciudadanos ha sido ampliamente determinada por una estructura jerárquica y formal. Durante décadas, esta relación se ha caracterizado por sistemas que, aunque estables, carecían de eficiencia y agilidad. Sin embargo, en la era actual de digitalización, estos sistemas tradicionales están siendo redefinidos.

Fig. 5. Portal de la Administración Electrónica

Existen una serie de aspectos que caracterizan las relaciones tradicionales entre los ciudadanos y los poderes públicos. Estos son:

- **Presencialidad**: La necesidad de presencia física era fundamental para cualquier trámite. Esto significaba que los ciudadanos debían tomarse tiempo libre de sus ocupaciones, desplazarse a oficinas gubernamentales y, a menudo, esperar en largas colas.

  o **Impacto**: Estas visitas presenciales no solo eran tediosas, sino que también podían ser costosas en términos de tiempo y recursos, especialmente para aquellos que vivían en áreas remotas o rurales.

- **Documentación en papel**: El papel ha sido históricamente el medio principal para la documentación oficial.

  o **Impacto**: La dependencia del papel llevaba a sistemas propensos a errores humanos, pérdida de documentos, y costos adicionales en términos de almacenamiento y manejo.

- **Tiempos de espera largos**: La naturaleza manual y burocrática de los trámites tradicionales llevaba a dilaciones considerables.

  - **Impacto**: Esto no solo generaba frustración entre los ciudadanos, sino que también retrasaba procesos importantes como la aprobación de licencias o la recepción de servicios.

Fig. 6. Portal de la Administración Electrónica de la Junta de Andalucía

La digitalización ha sido una respuesta a las ineficiencias del sistema tradicional. Los avances tecnológicos, combinados con la demanda de procesos más rápidos y transparentes, han llevado a esta transformación.

A continuación, se exponen sus características:

- **Accesibilidad**: La posibilidad de acceder a servicios gubernamentales desde dispositivos electrónicos ha sido un cambio revolucionario.

  - **Impacto**: Las personas con discapacidades, los ancianos, o aquellos en áreas remotas se benefician enormemente de este acceso simplificado.

- **Eficiencia**: La digitalización de procesos y la automatización han reducido la necesidad de intermediarios y han acelerado las resoluciones.

  o **Impacto**: Esto ha llevado a una mayor satisfacción ciudadana y a una reducción en los costos operativos para el gobierno.

- **Sostenibilidad**: Al reducir el uso del papel, no solo se ahorran recursos, sino que también se minimiza el impacto ambiental.

  o **Impacto**: Las administraciones públicas, al adoptar prácticas más sostenibles, dan el ejemplo y motivan a otros sectores a seguir su camino.

- **Transparencia**: Los sistemas en línea permiten que los ciudadanos rastreen el estado de sus solicitudes en tiempo real.

  o **Impacto**: Esto refuerza la confianza en el sistema y permite una mayor rendición de cuentas por parte de las autoridades.

No obstante, esta transición desde el sistema tradicional al mundo digital, aunque prometedora, también presenta algunos obstáculos:

- **Brecha digital**: A pesar del crecimiento tecnológico, aún existen comunidades y demografías que carecen de acceso adecuado a *Internet*.

  o **Solución**: Iniciativas de infraestructura y programas educativos pueden ayudar a cerrar esta brecha.

- **Seguridad**: A medida que aumenta la cantidad de datos en línea, también lo hace el riesgo de ciberataques y brechas de seguridad.

  o **Solución**: Inversiones en ciberseguridad y protocolos estrictos de protección de datos son esenciales.

- **Cambios organizativos**: La adaptación a sistemas digitales requiere una reestructuración profunda y una nueva formación para el personal gubernamental.

  o **Solución**: Programas de capacitación y la contratación de expertos en tecnología pueden facilitar esta transición.

En cuanto a nuestro país, la Administración Electrónica ha experimentado un desarrollo significativo en las últimas décadas. España ha emprendido un proceso de digitalización de la administración pública con el objetivo de facilitar la interacción entre ciudadanos y organismos oficiales, mejorar la eficiencia y transparencia, y adaptarse a las demandas de una sociedad cada vez más digitalizada.

Durante la década de 1990, España empezó a visualizar los beneficios potenciales de la informatización de sus servicios públicos. Esta era, marcada por el auge global de las tecnologías de la información, presenció los primeros esfuerzos del país en la integración de sistemas informáticos en sus estructuras administrativas:

- **Contexto mundial**: El mundo estaba presenciando una revolución tecnológica. Con la popularización de *Internet* y la informática, muchos gobiernos alrededor del mundo empezaron a considerar cómo podrían beneficiarse de estas tecnologías emergentes.

- **Iniciativas iniciales**: Los primeros pasos en España se centraron en la digitalización de registros y la creación de bases de datos internas. Estos esfuerzos buscaban, en un principio, mejorar la eficiencia interna de la administración.

- **Reacción ciudadana**: En estos primeros años, la población española comenzó a familiarizarse con el uso de ordenadores e *Internet* en sus hogares y trabajos. No obstante, la idea de interactuar con la administración de forma digital todavía era una novedad y, para muchos, un concepto extraño.

Legislación

El año 2007 fue decisivo para consolidar y expandir la idea de una Administración Electrónica en España. Con la promulgación de la Ley 11/2007, de Acceso Electrónico de los Ciudadanos a los Servicios Públicos, se establecieron las bases legales que garantizaban el derecho de los ciudadanos a relacionarse con la administración pública utilizando medios electrónicos.

Más allá del reconocimiento del derecho ciudadano a interactuar digitalmente con la administración, la ley establecía directrices claras sobre la creación de portales electrónicos, la utilización de firmas digitales, la garantía de acceso para todos los ciudadanos y la seguridad de la información.

Tras la aprobación de la ley, las diferentes administraciones públicas (estatal, autonómica y local) tuvieron la obligación de adaptar sus sistemas y servicios para cumplir con lo estipulado. Esto supuso una inversión significativa en tecnología, formación y desarrollo de plataformas.

La ley fue recibida con opiniones mixtas. Mientras algunos celebraban este paso hacia la modernización, otros expresaban preocupaciones sobre temas como la privacidad, la seguridad de datos y la posible exclusión de aquellos menos familiarizados con la tecnología.

Una vez establecido el marco legal, la siguiente década estuvo marcada por un esfuerzo continuado en el desarrollo y mejora de plataformas y servicios electrónicos:

A. Plataformas estatales

El gobierno central desarrolló y lanzó diversas plataformas que ofrecen servicios y trámites esenciales, como el portal de la Agencia Tributaria o el del Sistema Nacional de Salud.

Fig. 7. En la web de la Agencia Tributaria podemos realizar todos los trámites

B. Iniciativas autonómicas

Las Comunidades Autónomas, en virtud de sus competencias, también desarrollaron sus propios portales electrónicos. Ejemplos notables son el "Carpeta Ciudadana" de Cataluña o el "Portal del Ciudadano" de la Comunidad de Madrid.

C. Municipios y administración local

Las entidades locales no se quedaron atrás. Muchos municipios, incluso aquellos de menor tamaño, comenzaron a ofrecer servicios electrónicos a sus ciudadanos, desde la solicitud de certificados hasta la realización de trámites urbanísticos.

D. Innovaciones y avances tecnológicos

A medida que avanzaba la tecnología, las plataformas también se adaptaron. Se introdujeron sistemas de inteligencia artificial para mejorar la atención al ciudadano, se implementaron *chatbots* para resolver dudas frecuentes y se empezó a utilizar la nube para almacenar y procesar datos.

La digitalización de los servicios públicos ha sido un proceso clave en la modernización de la administración en España. La creación y expansión de las sedes electrónicas en todos los niveles de gobierno ha permitido que los ciudadanos accedan a una variedad de servicios desde la comodidad de sus hogares, sin necesidad de desplazarse físicamente a oficinas y dependencias. Esta transformación, aunque compleja, ha sido fundamental para mejorar la eficiencia, transparencia y accesibilidad de la administración pública.

A continuación, se muestran los detalles de la sede electrónica estatal, autonómicas y locales:

A. Sede electrónica estatal

El Gobierno central fue uno de los primeros en adoptar la idea de una sede electrónica. El objetivo era claro: proporcionar un punto de acceso único donde los ciudadanos pudieran realizar trámites, consultas y obtener información sobre los servicios y actividades del gobierno.

Los servicios principales de esta plataforma estatal son:

1. **Agencia Tributaria**: Una de las sedes electrónicas más utilizadas, donde se pueden realizar trámites fiscales, consultar deudas, solicitar certificados y gestionar el pago de impuestos.

2. **Seguridad Social**: Permite, entre otras cosas, solicitar citas, consultar datos personales, obtener vida laboral, gestionar prestaciones y pensiones.

3. **Registro Civil**: Donde se pueden solicitar certificados de nacimiento, matrimonio y defunción, entre otros.

4. **Tráfico**: Facilita la renovación de licencias, pago de multas y consulta de puntos del carnet, por mencionar algunos.

Fig. 8. Sede electrónica de la Seguridad Social

Se encuentran tres grandes beneficios de la plataforma, que se pueden resumir en:

- **Reducción de tiempos**: Las gestiones, que antes podían demorar días o semanas, ahora se realizan en horas o incluso minutos.
- **Acceso universal**: A cualquier hora y desde cualquier lugar, siempre que se disponga de conexión a *Internet*.
- **Atención personalizada**: A través de sistemas automatizados, la sede electrónica puede ofrecer respuestas y soluciones específicas para cada usuario.

B. Las sedes electrónicas autonómicas

Las sedes electrónicas autonómicas se caracterizan por:

1. Diversidad y autonomía

Cada comunidad autónoma en España tiene competencias específicas y, por lo tanto, sus propias sedes electrónicas. Estas plataformas se desarrollaron para atender las necesidades y particularidades de cada región.

Se exponen los detalles de algunas de estas plataformas:

- **Andalucía**: Con su plataforma "Junta en Línea", ofrece servicios relacionados con educación, salud, empleo, entre otros.
- **Cataluña**: A través de "La Meva Salut", los ciudadanos pueden acceder a su historial médico, pedir citas y gestionar otros trámites relacionados con la salud.
- **Madrid**: El "Portal del Ciudadano" facilita el acceso a trámites de vivienda, transporte, cultura, etc.
- **Galicia**: Su plataforma "Xunta en Línea" pone a disposición de los Gallegos servicios relacionados con turismo, medio ambiente, economía y más.

2. Interconexión

Es esencial que las sedes electrónicas autonómicas estén conectadas con la estatal, para facilitar el intercambio de información y la realización de trámites que impliquen a ambas administraciones.

C. Las sedes electrónicas locales

Las sedes electrónicas locales poseen una serie de aspectos a destacar:

---

1. Proximidad del ciudadano

Las entidades locales, como ayuntamientos y diputaciones, han desarrollado sus sedes electrónicas con el objetivo de estar más cerca del ciudadano, atendiendo sus necesidades diarias.

---

2. Servicios comunes

Dentro de los servicios comunes, cabe mencionar:

- **Gestión tributaria**: Pago de impuestos municipales, como el IBI o el impuesto de vehículos.
- **Urbanismo**: Solicitudes de licencias, consultas de planeamiento, entre otros.
- **Servicios sociales**: Información y gestión de ayudas, actividades y programas municipales.
- **Cultura y ocio**: Reserva de espacios, inscripción en actividades, consulta de programaciones.

Fig. 9. Sede electrónica del Ayuntamiento de Madrid

3. Desafíos y oportunidades

Los municipios más pequeños enfrentan desafíos en la digitalización, como la falta de recursos o conocimientos técnicos. Sin embargo, también representan una oportunidad para desarrollar soluciones adaptadas a la realidad local y más personalizadas.

La transformación digital de la administración pública en España ha sido un proceso arduo pero fructífero. Las sedes electrónicas en los niveles estatal, autonómico y local han revolucionado la manera en que los ciudadanos interactúan con sus instituciones, brindando mayor eficiencia, accesibilidad y transparencia. Aunque todavía existen desafíos, como garantizar el acceso universal o mejorar la usabilidad de las plataformas, el camino recorrido hasta ahora es un claro testimonio del compromiso de España con la modernización y mejora continua de sus servicios públicos.

En un mundo cada vez más digitalizado, la necesidad de contar con medios seguros y fiables para acreditar nuestra identidad en el ámbito virtual se ha vuelto imprescindible. En este contexto, España ha desarrollado el DNI Electrónico (DNIe), una herramienta que, además de funcionar como un documento de identidad tradicional, incorpora capacidades tecnológicas que permiten a los ciudadanos interactuar en el espacio digital con plena seguridad y validez jurídica.

En cuanto a la historia y desarrollo del DNIe, encontramos:

- **Orígenes**: La idea de un DNI adaptado a las necesidades del siglo XXI comenzó a gestarse en los primeros años del 2000. No obstante, no fue hasta 2006 cuando se puso en circulación el primer DNIe.

- **Innovación**: El DNIe incorpora un chip electrónico que almacena, de forma segura, datos del titular como su fotografía, firma electrónica y certificados digitales.

- **Evolución**: Con el tiempo, las versiones del DNIe han ido evolucionando, mejorando su seguridad, ampliando su capacidad y adaptándose a las nuevas tecnologías y necesidades de los usuarios.

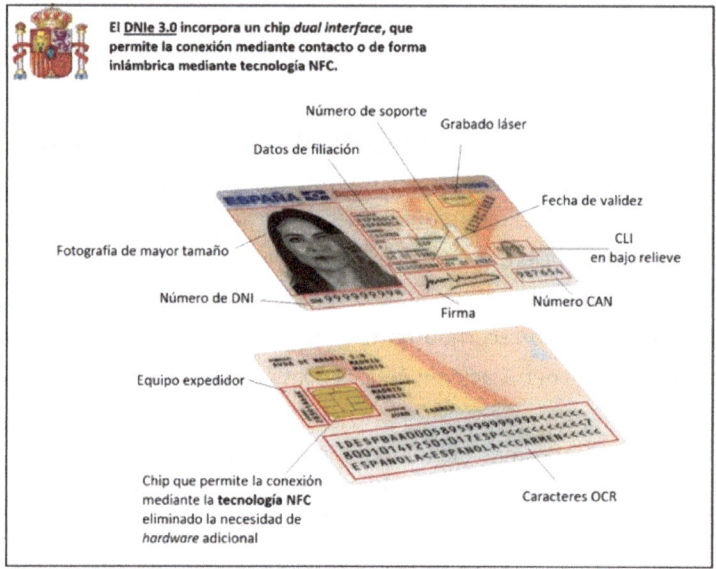

Fig. 10. Características del DNIe

Las funcionalidades del DNIe son diversas:

- **Identificación en el espacio virtual**: Al igual que el DNI tradicional acredita nuestra identidad en el ámbito físico, el DNIe lo hace en el digital.

- **Firma electrónica**: Permite firmar documentos y trámites de forma digital, otorgándoles plena validez jurídica.

- **Realización de trámites en sedes electrónicas**: Con el DNIe, es posible acceder a las diferentes sedes electrónicas de las administraciones públicas, realizar trámites, solicitar certificados y, en definitiva, gestionar una amplia variedad de servicios sin necesidad de desplazamiento.

- **Autenticación segura en plataformas privadas**: Además de las administraciones públicas, muchas entidades privadas, como bancos o compañías de servicios, permiten el acceso y la gestión de servicios mediante la identificación con DNIe.

A continuación, se exponen las ventajas más destacables de este método de gestión digital:

- **Seguridad**: La tecnología que incorpora el DNIe es altamente segura, minimizando riesgos de suplantación o acceso no autorizado.

- **Eficiencia**: Facilita la realización de trámites de forma rápida y sencilla, evitando desplazamientos, esperas y papeleo.

- **Validez jurídica**: La firma electrónica que permite el DNIe tiene plena validez, al mismo nivel que una firma manuscrita.

- **Eco-amigable**: Al reducir la necesidad de desplazamientos y uso de papel, contribuye a un modelo más sostenible.

Además de sus ventajas expuestas, cabe tener en cuenta también una serie de desafíos y retos que presenta:

- **Brecha digital**: Es esencial garantizar que todos los ciudadanos, independientemente de su nivel de familiaridad con la tecnología, puedan utilizar el DNIe sin dificultades.

- **Renovación tecnológica**: La tecnología avanza a un ritmo vertiginoso, lo que implica la necesidad de actualizar y renovar constantemente el DNIe para mantener sus estándares de seguridad y funcionalidad.

- **Interoperabilidad internacional**: Es vital que el DNIe sea reconocido y funcional más allá de las fronteras españolas, especialmente en el ámbito de la Unión Europea.

Ejemplo

Luis, un ciudadano residente en Valencia que trabaja como autónomo, un día, decide solicitar una ayuda estatal para emprendedores. Antiguamente, tendría que haber solicitado una cita, desplazarse a una oficina, entregar múltiples documentos y esperar semanas para obtener una respuesta. Sin embargo, con su DNIe, Luis accede a la sede electrónica del organismo competente, se identifica con su DNIe, rellena la solicitud, firma electrónicamente y envía todos los documentos necesarios, todo ello en menos de una hora y sin salir de casa.

El DNIe se ha consolidado como una herramienta esencial en la relación de los ciudadanos con el mundo digital. Su capacidad para combinar seguridad, eficiencia y validez jurídica lo posiciona como un pilar fundamental en la digitalización de la sociedad española. Sin embargo, como cualquier herramienta tecnológica, el DNIe también enfrenta desafíos que deben ser abordados para garantizar su plena funcionalidad en el futuro.

Fig. 11. La adaptación, renovación y formación constante serán clave para que el DNIe continúe siendo un referente de identidad digital en España y más allá de sus fronteras

3. Trámites *on line*

La posibilidad de realizar trámites en línea no solo ofrece una mayor comodidad y accesibilidad para los ciudadanos, sino que también promete una mayor eficiencia y transparencia en los procesos administrativos. Desde el pago de impuestos hasta la participación en licitaciones gubernamentales, los trámites en línea están cambiando la dinámica tradicional y estableciendo nuevos estándares para la interacción ciudadano - gobierno.

La transformación digital ha llevado a una revolución en cómo los ciudadanos interactúan con las administraciones públicas, siendo uno de los cambios más significativos la implementación de los trámites en línea. Estos procesos digitales ofrecen ventajas significativas en comparación con los métodos tradicionales, pero también presentan desafíos únicos que requieren soluciones innovadoras.

Los trámites en línea se refieren a cualquier procedimiento, solicitud o gestión que un ciudadano o entidad puede realizar a través de medios electrónicos, generalmente desde un portal *web* o aplicación móvil oficial, sin necesidad de desplazarse físicamente a una oficina gubernamental.

El panorama digital ha revolucionado la forma en que interactuamos con las instituciones y realizamos trámites. Este cambio no es solo un avance tecnológico, sino que también aporta beneficios tangibles que hacen que la experiencia del ciudadano sea más fluida y satisfactoria.

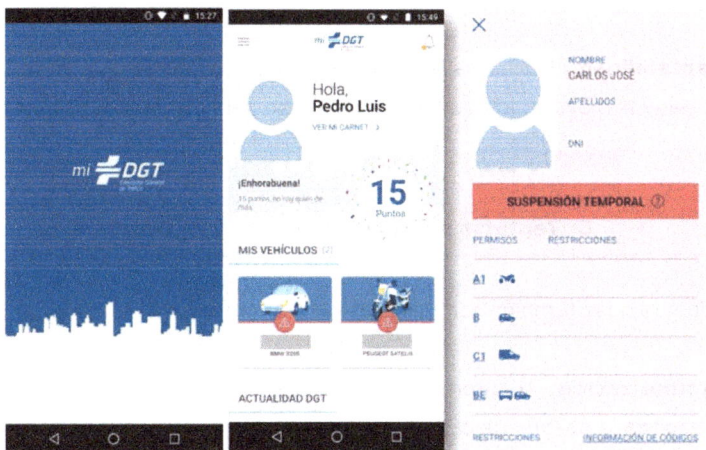

Fig. 12. La aplicación para móviles MiDGT permite llevar el carné de conducir en el móvil o pagar multas

A continuación, se detallan y amplían las ventajas de los trámites en línea:

A. Ventajas en cuanto a accesibilidad

Con relación a la accesibilidad, destacan estas ventajas:

- **Disponibilidad constante**: Una de las principales ventajas de los trámites en línea es que están disponibles las 24 horas del día, los 7 días de la semana. Esto significa que ya no es necesario ajustarse al horario de atención al público de las oficinas físicas.

- **Desde cualquier lugar**: Ya no es necesario desplazarse hasta una oficina gubernamental o institución para realizar un trámite. Esto es especialmente beneficioso para aquellos que viven en zonas rurales o alejadas de los centros urbanos.

- **Facilidad de uso**: Las plataformas de trámites en línea suelen tener interfaces amigables y diseñadas para que cualquier persona, independientemente de su nivel de habilidad tecnológica, pueda realizar sus gestiones sin complicaciones.

- **Adaptabilidad**: Muchos sistemas de trámites en línea son compatibles con dispositivos móviles, lo que facilita su acceso desde smartphones y *tablets*.

B. Ventajas sobre su eficiencia y rapidez

La eficiencia y rapidez también son ventajas del trámite online:

- **Automatización**: Al automatizar los procesos, se eliminan pasos innecesarios y se agiliza la gestión de cada trámite.

- **Respuestas instantáneas**: En muchos casos, el sistema puede proporcionar respuestas inmediatas, como confirmaciones de recibido, validaciones o incluso resoluciones.

- **Sin intermediarios**: Al eliminar la necesidad de intermediarios, los procesos se simplifican y aceleran.

- **Mejoras continuas**: Las plataformas digitales suelen ser actualizadas periódicamente para mejorar su eficiencia y adaptarse a las necesidades cambiantes de los usuarios.

C. Ventajas de ahorro

También posee ventajas por su capacidad de ahorro económico, de tiempo y de recursos:

- **Económico**: Al no tener que desplazarse, los usuarios ahorran en combustible, transporte público y otros costes asociados. Además, algunos trámites en línea ofrecen tasas reducidas o eliminan ciertos cargos administrativos.

- **Tiempo**: Al evitar filas, esperas y desplazamientos, los ciudadanos pueden invertir su tiempo en otras actividades.

- **Recursos**: Desde la perspectiva de las administraciones públicas, al reducir o eliminar la necesidad de papel, tinta y otros insumos, se generan ahorros significativos en recursos.

C. Ventajas por su transparencia

La transparencia es una de las ventajas más valoradas por las personas que usan los trámites *on line*, por los siguientes motivos:

- **Seguimiento en tiempo real**: La mayoría de las plataformas de trámites en línea ofrecen sistemas de seguimiento que permiten a los usuarios conocer el estado exacto de su solicitud en cualquier momento.

- **Historial de trámites**: Los usuarios pueden acceder a su historial de trámites, lo que les permite tener un registro detallado de todas sus interacciones con las administraciones públicas.

- **Rendición de cuentas**: La digitalización facilita la supervisión y auditoría de los procesos, garantizando una mayor responsabilidad y rendición de cuentas por parte de las entidades gubernamentales.

E. Ventajas por la reducción de errores

Los trámites *on line* permiten reducir errores, gracias a los formularios estandarizados, las validaciones automáticas y la eliminación del papel:

- **Formularios estandarizados**: Los formularios digitales, al estar diseñados de manera uniforme y clara, minimizan las ambigüedades y errores en la entrada de datos.

- **Validaciones automáticas**: Los sistemas suelen contar con mecanismos de validación que alertan al usuario si hay algún error o dato faltante, permitiendo correcciones en tiempo real.

- **Eliminación del papel**: Al reducir o eliminar la necesidad de documentos en papel, se evitan errores asociados al traspaso manual de información, como ilegibilidades o pérdida de documentos.

La digitalización de trámites no solo refleja una evolución tecnológica, sino una transformación en la relación entre ciudadanos y administraciones públicas. Esta nueva dinámica, centrada en la eficiencia y la comodidad del usuario, marca el camino hacia un futuro en el que las interacciones gubernamentales sean más fluidas, transparentes y satisfactorias para todos los involucrados.

Si un ciudadano desea renovar su pasaporte, en lugar de visitar una oficina, esperar en fila y completar formularios en papel, puede ingresar al sitio *web* oficial, completar un formulario digital, subir documentos requeridos y pagar las tarifas en línea. Posteriormente, recibe una cita para recoger el nuevo pasaporte o incluso puede recibirlo por correo.

La transformación digital que ha llevado a la adopción de trámites en línea ha sido en gran medida positiva, permitiendo a ciudadanos y empresas interactuar con las administraciones públicas de una manera más eficiente.

Sin embargo, esta evolución también presenta varios desafíos que deben abordarse para garantizar que los beneficios se realicen plenamente y que no se creen nuevas barreras o desigualdades:

A. Brecha digital

La brecha digital se refiere a la disparidad en el acceso y habilidad para usar las tecnologías de la información y comunicación entre diferentes grupos de personas.

Conlleva algunos problemas asociados, como que las personas que no tienen acceso a *Internet* o no poseen habilidades digitales se encuentran en desventaja y pueden quedar excluidas de servicios esenciales que ahora se ofrecen principalmente en línea.

En cuanto al impacto demográfico, a menudo, las personas mayores, las comunidades rurales y los grupos socioeconómicos más bajos son los más afectados por la brecha digital.

B. Seguridad y privacidad

A medida que más servicios se mueven en línea, las plataformas se convierten en objetivos atractivos para los ciberdelincuentes. Los ataques pueden tomar la forma de *hackeos*, *phishing*, *ransomware*, entre otros.

Fig. 14. En el ransomware se exige un rescate para recuperar los archivos

Además, con la recopilación y almacenamiento de datos personales en línea, se vuelve esencial garantizar que estos datos estén protegidos y no sean susceptibles a fugas o mal uso.

C. Complejidad técnica

Con relación a la complejidad técnica, cabe mencionar:

- **Interfaz de usuario**: Las plataformas mal diseñadas o complicadas pueden desanimar a los usuarios y provocar errores en la introducción de datos o en el proceso de trámite.

- **Requisitos técnicos**: Algunos trámites pueden requerir software o hardware específico, lo que podría excluir a aquellos que no tienen acceso a estas herramientas.

D. Dependencia tecnológica

La dependencia de sistemas en línea significa que cualquier fallo técnico puede detener el proceso de trámite, causando retrasos y frustraciones.

Los sistemas en línea requieren mantenimiento y actualizaciones regulares, lo que podría interrumpir temporalmente los servicios.

Una vez analizados los desafíos de la transformación electrónica, es momento de abordar, a continuación, cómo superar dichos desafíos y retos:

A. Educación y capacitación digital

Con la formación y capacitación se consiguen reducir considerablemente estos problemas:

- **Programas de alfabetización digital**: Establecer programas específicos que capaciten a las personas en habilidades digitales básicas, como navegar por *Internet*, utilizar aplicaciones gubernamentales y proteger su información personal.

- **Centros de aprendizaje**: Crear centros comunitarios donde las personas puedan acceder a computadoras, obtener asistencia técnica y recibir formación en competencias digitales.

- **Alianzas con organizaciones**: Colaborar con organizaciones sin ánimo de lucro y empresas privadas para ofrecer programas de formación y recursos.

B. Refuerzos de seguridad

Como medidas de refuerzo para la seguridad de los trámites, se encuentran:

- **Protocolos de ciberseguridad**: Implementar medidas de seguridad robustas como firewalls, sistemas de detección y prevención de intrusos y soluciones de cifrado.

- **Educación pública**: Lanzar campañas de concienciación que eduquen a los ciudadanos sobre los riesgos en línea y cómo pueden protegerse.

- **Leyes y regulaciones**: Establecer y actualizar constantemente leyes que garantizan la protección de datos personales y castigan los delitos cibernéticos.

C. Diseño centrado en el usuario

Antes de lanzar o actualizar un sistema en línea, es aconsejable realizar pruebas con un grupo diverso de usuarios para recibir *feedback* y hacer ajustes, así como mantener canales abiertos donde los usuarios puedan reportar problemas o sugerir mejoras.

Hay que asegurarse de que las plataformas se actualicen regularmente para mantenerse al día con las expectativas y necesidades cambiantes de los usuarios.

D. Infraestructura redundante

Es importante tener sistemas secundarios como respaldo, que puedan asumir la carga de trabajo en caso de fallos en el sistema principal.

Además, utilizar soluciones de almacenamiento en la nube que ofrecen alta disponibilidad y escalabilidad, aseguran que los servicios estén disponibles incluso durante picos de demanda o interrupciones, así como establecer protocolos claros para la recuperación rápida de servicios en caso de interrupciones o desastres.

Si bien la digitalización de trámites ofrece múltiples ventajas, también presenta desafíos significativos. Es esencial que las administraciones públicas, en colaboración con otros *stakeholders*, aborden proactivamente estos desafíos para garantizar que todos los ciudadanos puedan beneficiarse plenamente de los servicios en línea, mientras se protegen sus derechos y se garantiza su seguridad.

El cumplimiento de obligaciones fiscales en línea es un aspecto fundamental de la Administración Electrónica que ha transformado la manera en que individuos y empresas interactúan con las autoridades fiscales. La posibilidad de declarar impuestos, realizar pagos y gestionar otros asuntos fiscales a través de plataformas en línea ha simplificado estos procesos, haciéndolos más eficientes y accesibles.

Fig. 15. La Agencia Tributaria permite realizar toda clase de pagos online

Las ventajas del cumplimiento de obligaciones fiscales en línea son:

- **Acceso 24/7**: Los contribuyentes pueden acceder a los servicios fiscales en línea en cualquier momento, permitiendo una mayor flexibilidad y comodidad.

- **Reducción de errores**: Las plataformas en línea a menudo incluyen herramientas y guías que ayudan a los contribuyentes a completar sus declaraciones correctamente, reduciendo la posibilidad de errores.

- **Procesamiento rápido**: La presentación y procesamiento de declaraciones en línea es generalmente más rápida, lo que puede acelerar los reembolsos y la resolución de consultas.

- **Transparencia y control**: Los contribuyentes pueden rastrear el estado de sus declaraciones y pagos en tiempo real, y tener un registro completo de todas sus transacciones fiscales.

- **Sostenibilidad ambiental**: La gestión en línea de los asuntos fiscales reduce la necesidad de papel y otros recursos físicos, contribuyendo a la sostenibilidad.

La seguridad y la confidencialidad son preocupaciones clave en el cumplimiento de obligaciones fiscales en línea. La información fiscal es altamente sensible, y las autoridades fiscales deben implementar medidas robustas para protegerla como las siguientes:

- **Autenticación y autorización**: Los sistemas en línea utilizan métodos de autenticación, como contraseñas y certificados digitales, para asegurar que solo los contribuyentes autorizados puedan acceder a su información fiscal.

- **Cifrado de datos**: La información transmitida en línea se cifra para protegerla de interceptaciones no autorizadas.

- **Cumplimiento de normativas**: Las autoridades fiscales deben cumplir con las leyes y regulaciones aplicables en cuanto a la protección de datos y la privacidad.

Ejemplo

El cumplimiento de obligaciones fiscales en línea es un ejemplo destacado de cómo la Administración Electrónica puede mejorar la eficiencia, accesibilidad y transparencia de los servicios gubernamentales. Al ofrecer una manera más conveniente y efectiva de gestionar los asuntos fiscales, estos servicios en línea benefician tanto a los contribuyentes como a las autoridades fiscales.

No obstante, la implementación exitosa de estos servicios requiere una cuidadosa consideración de factores como la seguridad, la educación, la accesibilidad y la integración. A través de una planificación y ejecución cuidadosas, el cumplimiento de obligaciones fiscales en línea puede ser una herramienta poderosa en la modernización y mejora de la administración pública.

Por otro lado, la participación en licitaciones y contratos públicos ha experimentado una transformación significativa con la adopción de la Administración Electrónica. La digitalización de estos procesos ha permitido una mayor eficiencia, transparencia y accesibilidad, facilitando la participación de una amplia variedad de proveedores en la contratación pública.

Las ventajas de la participación en licitaciones y contratos públicos en línea se exponen a continuación:

- **Acceso universal**: Las plataformas en línea permiten a cualquier proveedor, independientemente de su ubicación, acceder a oportunidades de licitación y presentar propuestas.

- **Transparencia y rastreabilidad**: Todos los documentos y comunicaciones relacionados con una licitación están disponibles en línea, lo que garantiza la transparencia y permite un seguimiento en tiempo real del proceso.

- **Eficiencia en el proceso**: La digitalización reduce el papeleo y acelera el proceso de licitación, desde la publicación de la convocatoria hasta la adjudicación del contrato.

- **Competencia justa**: La disponibilidad en línea de información completa y oportuna asegura que todos los proveedores tengan igualdad de condiciones para competir.

- **Integración con otros sistemas**: Las plataformas de licitación pueden integrarse con otros sistemas gubernamentales, como los de registro de proveedores y cumplimiento fiscal, para una gestión más eficiente.

La participación en licitaciones y contratos públicos a través de la Administración Electrónica representa un avance importante en la modernización de la contratación pública. Facilita la participación, mejora la eficiencia y promueve la transparencia y la competencia justa.

Los certificados digitales son fundamentales en este proceso, asegurando la autenticidad, integridad y confidencialidad de las transacciones en línea. Sin embargo, el éxito de la contratación pública en línea requiere una cuidadosa consideración de factores como la capacitación, la accesibilidad, la usabilidad y el cumplimiento legal.

En última instancia, la digitalización de las licitaciones y contratos públicos tiene el potencial de transformar la relación entre el gobierno y los proveedores, creando un entorno más ágil, transparente y colaborativo para la contratación pública.

Anotación

No todos los organismos de la administración pública admiten cualquier tipo de certificado digital.

4. Conocimiento de los sistemas de identificación a través de *Internet*

En la era digital actual, la identificación y autenticación en línea se han convertido en componentes esenciales para garantizar la seguridad y la privacidad de los usuarios. La identificación en línea se refiere al proceso mediante el cual un sistema reconoce a un usuario o entidad, mientras que la autenticación verifica la identidad de ese usuario o entidad. Estos procesos son fundamentales para proteger la información personal, financiera y de otro tipo en el vasto mundo de *Internet*.

4.1. Certificados

Los certificados son una herramienta esencial en el mundo de la seguridad cibernética. Actúan como una especie de "carnet de identidad digital", proporcionando una forma de probar la identidad de una entidad en línea, ya sea un individuo, una organización o un sitio *web*. Los certificados son emitidos por entidades conocidas como Autoridades de Certificación (CA), que verifican la identidad del solicitante antes de emitir un certificado.

En una sociedad cada vez más digitalizada, la manera en que se establece confianza en las transacciones y comunicaciones electrónicas se ha transformado. Ahora, más que nunca, es esencial asegurarse de que la información que se comparte o se recibe provenga de una fuente confiable y no haya sido alterada durante su transmisión. Aquí es donde los certificados digitales y la firma electrónica desempeñan un papel clave.

 **Vocabulario**

Certificados Digitales: Un certificado digital es un archivo electrónico que funciona como una "cédula de identidad digital". Este certificado vincula una clave pública con una entidad (puede ser una persona, una organización o un servidor) y confirma su identidad. Es emitido por una entidad certificadora, que garantiza la vinculación entre el titular del certificado y la clave pública que contiene.

Un certificado digital es un mecanismo de seguridad que opera en el ámbito de las comunicaciones electrónicas, proporcionando autenticación, confidencialidad e integridad de la información. Es un documento electrónico que vincula una clave pública con una serie de datos que identifican a su titular. Este certificado es emitido por una Autoridad de Certificación (CA) después de un proceso de verificación de la identidad del solicitante.

Fig. 16. En criptografía, una CA hace referencia a una entidad de confianza, responsable de emitir y revocar los certificados digitales, utilizando en ellos la firma electrónica, para lo cual se emplea la criptografía de clave pública

El concepto de certificados digitales tiene sus raíces en la criptografía y en la necesidad de establecer confianza en las comunicaciones electrónicas. Para entender su origen, es esencial remontarse a los
primeros días de la criptografía de clave pública y a los problemas que esta tecnología buscaba resolver.

La criptografía de clave pública, también conocida como criptografía asimétrica, fue introducida en la década de 1970 por Whitfield Diffie y Martin Hellman. Esta forma de criptografía utiliza un par de claves: una clave pública, que puede ser compartida abiertamente, y una clave privada, que se mantiene en secreto. La innovación radica en que la información cifrada con una clave solo puede ser descifrada con la otra.

La introducción de la criptografía de clave pública abrió la puerta a la posibilidad de comunicaciones seguras entre partes que nunca habían tenido contacto previo, sin necesidad de intercambiar claves secretas de antemano. Sin embargo, surgió un nuevo problema: ¿cómo podría alguien estar seguro de que una clave pública pertenecía realmente a la entidad que decía ser?

Aquí es donde entra en juego el concepto de certificados digitales. Para resolver el problema de la confianza en la clave pública, se necesitaba una tercera parte confiable que pudiera verificar y atestiguar la autenticidad de las claves públicas. Esta tercera parte es lo que se conoce como Autoridad de Certificación (CA).

La idea es que una CA verifica la identidad de una entidad (ya sea una persona, una organización o un servidor) y luego emite un certificado digital que vincula una clave pública con esa identidad. El certificado, firmado digitalmente por la CA, sirve como prueba de que la clave pública pertenece a la entidad mencionada en el certificado.

El concepto de certificados digitales y CAs fue popularizado y estandarizado en la década de 1980 y 1990. Organizaciones como VeriSign (ahora parte de Symantec) se establecieron como CAs de confianza, y los certificados digitales comenzaron a ser utilizados ampliamente para asegurar comunicaciones en línea, especialmente con el auge del comercio electrónico y la necesidad de transacciones seguras en la *web*.

Con el tiempo, se desarrollaron estándares y protocolos para facilitar la emisión, gestión y revocación de certificados digitales. El protocolo SSL (Secure Sockets Layer) y su sucesor TLS (Transport Layer Security) se convirtieron en los estándares de facto para la comunicación segura en la *web*, utilizando certificados digitales para autenticar servidores y, en algunos casos, clientes.

Un certificado digital típico contiene los siguientes elementos:

- **Información del titular**: Datos que identifican al propietario del certificado, como nombre, dirección de correo electrónico y otros detalles relevantes.

- **Clave pública**: Una de las dos claves utilizadas en la criptografía de clave pública. Esta clave es visible y se utiliza para cifrar información o verificar firmas digitales, mientras que la clave privada correspondiente se mantiene en secreto por el titular del certificado.

- **Firma de la Autoridad de Certificación**: Una firma digital que confirma que el certificado ha sido emitido por una CA legítima y que la información contenida en el certificado no ha sido alterada desde su emisión.

- **Periodo de validez**: Las fechas entre las cuales el certificado es considerado válido.

- **Número de serie**: Un identificador único asignado por la CA al certificado para su seguimiento y gestión.

El funcionamiento de un certificado digital se basa en la criptografía de clave pública. En este sistema, se generan dos claves relacionadas: una pública y una privada. La clave pública se utiliza para cifrar información, mientras que la clave privada se utiliza para descifrarla.

Cuando una entidad desea comunicarse de forma segura con el titular de un certificado, utiliza la clave pública del certificado para cifrar la información. Solo el titular del certificado, que posee la clave privada correspondiente, puede descifrar y acceder a esta información.

Además, el titular del certificado puede utilizar su clave privada para firmar digitalmente documentos o mensajes. Cualquier receptor de este mensaje o documento firmado puede utilizar la clave pública del certificado para verificar la firma, asegurando que el contenido no ha sido alterado y confirmando la identidad del remitente.

La confiabilidad de un certificado digital se basa en gran medida en la confianza depositada en la Autoridad de Certificación que lo emite. Las CAs tienen la responsabilidad de verificar rigurosamente la identidad de los solicitantes antes de emitir certificados y garantizar que sus propios sistemas y procedimientos sean seguros. Si una CA es comprometida o actúa de manera negligente, puede poner en riesgo la confianza en todos los certificados que ha emitido.

En cuanto a su importancia, cabe destacan los siguientes aspectos:

- **Autenticidad**: Los certificados digitales permiten establecer la autenticidad de una entidad en el mundo digital. Del mismo modo que un documento de identidad confirma nuestra identidad en el mundo físico, un certificado digital lo hace en el ámbito digital.

- **Integridad de la información**: La firma electrónica asegura que el contenido del documento o mensaje no ha sido alterado desde el momento en que fue firmado. Cualquier cambio, incluso el más mínimo, invalidaría la firma.

- **Confidencialidad**: Al usar certificados y firmas electrónicas, es posible cifrar los datos de manera que solo el destinatario previsto, que posee la clave adecuada, pueda descifrarlo y acceder a la información.

- **No repudio**: Una vez que un documento ha sido firmado electrónicamente, el firmante no puede negar posteriormente la autenticidad de su firma. Esto es esencial en transacciones y acuerdos legales.

- **Ahorro de tiempo y recursos**: Gracias a la firma electrónica, se pueden firmar documentos de forma instantánea sin necesidad de imprimir, firmar manualmente y enviar físicamente. Además, los certificados digitales simplifican y agilizan muchos procedimientos que anteriormente requerían verificación manual.

Fig. 17. Se puede solicitar el certificado digital a través de la FNMT

A medida que se avanza hacia una sociedad cada vez más interconectada, la importancia de los certificados digitales y las firmas electrónicas solo crecerá. La adopción de estas tecnologías no solo se limitará a las empresas y al gobierno, sino que también se extenderá a los individuos en sus actividades diarias.

 **Anotación**

Con el auge de la *Internet* de las Cosas (IoT), los dispositivos conectados necesitarán autenticarse entre sí de manera segura. Los certificados digitales serán fundamentales para garantizar que las comunicaciones entre estos dispositivos provengan de fuentes confiables y sean seguras.

Los certificados digitales desempeñan un papel vital en la participación en licitaciones y contratos públicos en línea, proporcionando seguridad y autenticidad en las transacciones.

Los certificados digitales son claves por los siguientes motivos:

- **Autenticación de proveedores**: Los certificados digitales aseguran que los proveedores que participan en una licitación sean quienes afirman ser, evitando posibles fraudes.

- **Firma digital de documentos**: Los documentos importantes, como las propuestas y contratos, pueden ser firmados digitalmente, garantizando su integridad y validez legal.

- **Cifrado de comunicaciones**: La información sensible intercambiada durante el proceso de licitación puede ser cifrada utilizando certificados digitales, protegiendo la confidencialidad de las propuestas y negociaciones.

4.2. Firma electrónica

La firma electrónica, cuando se basa en criptografía de clave pública, utiliza un par de claves: una privada y una pública. El firmante utiliza su clave privada para firmar un documento, generando un valor único basado en el contenido del documento. Este valor, conocido como resumen o hash, se cifra con la clave privada del firmante, creando la "firma". Para verificar la firma, se utiliza la clave pública del firmante. Si la firma es válida y el documento no ha sido alterado, la verificación será exitosa.

Firma Electrónica: Es una serie de datos electrónicos que acompañan a otros datos con el propósito de validar la identidad del remitente y garantizar la integridad del documento o mensaje. En otras palabras, es el equivalente digital de una firma manuscrita, pero con seguridad adicional al usar la criptografía.

La firma electrónica se utiliza en una amplia variedad de aplicaciones:

- **Documentos legales y contratos**: Permite la firma de contratos y otros documentos legales de forma remota, sin necesidad de papel ni presencia física.
- **Facturación electrónica**: Las facturas firmadas electrónicamente garantizan su autenticidad e integridad.

- **Gestión de documentos**: En organizaciones grandes, la firma electrónica facilita la aprobación y revisión de documentos.
- **Votaciones y encuestas**: La firma electrónica puede ser utilizada para garantizar la autenticidad de los votos en elecciones o encuestas en línea.
- **Salud**: Los registros médicos electrónicos pueden ser firmados electrónicamente para garantizar su autenticidad y cumplir con las regulaciones.

En cuanto a las ventajas de la firma electrónica, destacan:

- **Eficiencia**: Reduce la necesidad de papel, envíos físicos y almacenamiento, lo que ahorra tiempo y recursos.
- **Seguridad**: Cuando se basa en criptografía, ofrece una alta seguridad, garantizando la autenticidad e integridad de los documentos.
- **Accesibilidad**: Permite la firma de documentos desde cualquier lugar y en cualquier momento.
- **Legalidad**: En muchos países, las firmas electrónicas tienen el mismo valor legal que las firmas manuscritas.

Asimismo, la firma electrónica presenta una serie de desafíos y consideraciones

- **Interoperabilidad**: Con múltiples proveedores y estándares en el mercado, la interoperabilidad entre diferentes sistemas de firma electrónica puede ser un desafío.

- **Educación y adopción**: Aunque la tecnología está disponible, la falta de conocimiento y comprensión puede ser un obstáculo para su adopción generalizada.

- **Aspectos legales**: Las leyes y regulaciones varían según el país, y es esencial estar al tanto de las regulaciones locales al implementar soluciones de firma electrónica.

- **Seguridad**: Aunque la firma electrónica es segura, no está exenta de riesgos. La gestión adecuada de las claves y la protección contra amenazas son esenciales.

Ana, gerente de una empresa innovadora, ha trabajado durante meses en una propuesta para un nuevo proyecto que podría revolucionar la industria. Después de incontables horas de esfuerzo, está lista para enviar su propuesta a un importante organismo gubernamental.

Dado el valor y la sensibilidad de la información, Ana decide utilizar su certificado digital para firmar electrónicamente el documento. Este acto no solo confirma que el documento proviene realmente de Ana y de su empresa, sino que también garantiza que el contenido de la propuesta no ha sido modificado de ninguna forma desde que fue firmado.

Cuando el organismo gubernamental recibe la propuesta, puede verificar la firma electrónica utilizando el certificado digital de Ana. Al confirmar la validez de la firma, tienen la seguridad de que la propuesta es auténtica y no ha sufrido alteraciones.

Este nivel de confianza es vital, ya que la decisión del organismo podría involucrar la inversión de grandes sumas de dinero y la colaboración en un proyecto que podría durar años. Sin la certeza que proporcionan el certificado digital y la firma electrónica, tomar una decisión de tal magnitud basada en un documento digital sería un riesgo **considerable.**

La firma electrónica ha revolucionado la forma en que se realizan transacciones y se manejan documentos en el mundo digital. A continuación, se describen en detalle algunas de las aplicaciones y plataformas más conocidas que ofrecen servicios de firma electrónica y digital:

A. Adobe Sign

Permite la firma, envío, seguimiento y gestión de documentos firmados electrónicamente. Ofrece integración con otras aplicaciones de Adobe y con sistemas de terceros como Microsoft Office y Salesforce. La solución es adecuada para empresas de todos los tamaños y cumple con los principales estándares y regulaciones de seguridad y privacidad.

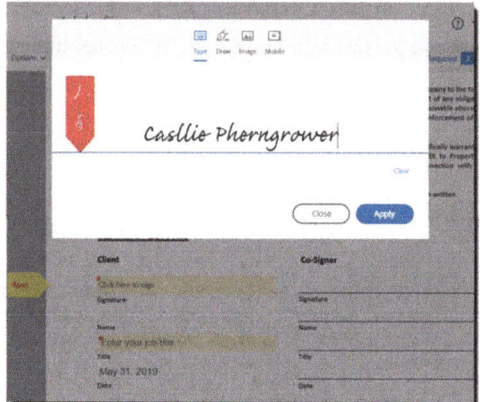

Fig. 18. Ejemplo de uso de la herramienta de Adobe Sign

B. DocuSign

Es una de las plataformas más conocidas para la firma electrónica. Ofrece soluciones para individuos, pequeñas empresas y grandes organizaciones. Con una presencia global y cumplimiento con las regulaciones internacionales, DocuSign proporciona una experiencia de usuario intuitiva y segura, con características como plantillas, flujos de trabajo automatizados y análisis en tiempo real.

C. HelloSign

Ofrece servicios de firma electrónica y se integra con aplicaciones populares como Google Docs y Dropbox. Su enfoque en la simplicidad y la facilidad de uso lo hace atractivo para pequeñas y medianas empresas. Además, ofrece una API para desarrolladores que deseen integrar la funcionalidad de firma electrónica en sus propias aplicaciones.

D. SignNow

Es una plataforma de firma electrónica que permite a los usuarios firmar, enviar y gestionar documentos en cualquier dispositivo. Ofrece una variedad de características, como la capacidad de firmar documentos sin conexión, integración con CRM y ERP, y cumplimiento con las regulaciones de seguridad como HIPAA en el sector de la salud.

E. GlobalSign

Ofrece soluciones de firma digital, incluyendo certificados de firma de documentos y de firma de código. Es conocido por su enfoque en la seguridad y el cumplimiento, ofreciendo soluciones que cumplen con los estándares globales como eIDAS en Europa. GlobalSign también ofrece soluciones para la gestión de identidades y la seguridad de la información.

Fig. 19. GlobalSign es el proveedor líder de soluciones confiables de identidad y seguridad digital que permiten que pequeñas y grandes empresas en todo el mundo aseguren las comunicaciones en línea, administren millones de identidades digitales verificadas y automaticen la autenticación y el cifrado

F. Entrust Datacard

Proporciona soluciones de firma digital y seguridad, incluyendo la autenticación y gestión de identidades. Sus soluciones son ampliamente utilizadas en sectores como el financiero y el gubernamental, donde la seguridad y el cumplimiento son críticos. Entrust Datacard también ofrece soluciones para la emisión segura de tarjetas y credenciales.

G. Yousign

Es una solución de firma electrónica basada en la nube que cumple con las regulaciones europeas, incluyendo eIDAS. Ofrece una experiencia de usuario sencilla y eficiente, con características como la firma en grupo, notificaciones y recordatorios, y una API para integración con otros sistemas.

H. PandaDoc

PandaDoc ofrece funcionalidades para crear, enviar, firmar y rastrear documentos y contratos en línea. Con una variedad de plantillas y herramientas de personalización, PandaDoc es adecuado para ventas, recursos humanos y operaciones legales. También ofrece integración con sistemas de CRM como Salesforce y HubSpot.

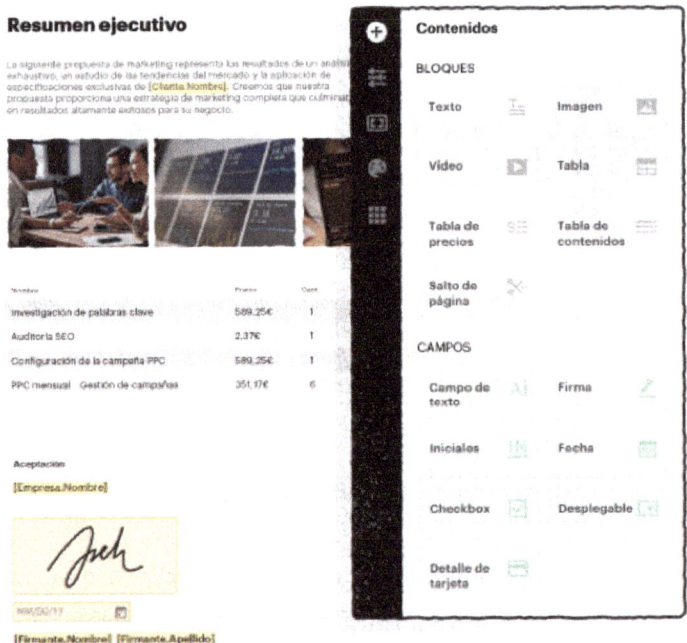

Fig. 20. Ejemplo de utilidad de la herramienta PandaDoc

I. eSignLive by OneSpan

Proporciona soluciones de firma electrónica y autenticación para diferentes industrias, incluyendo finanzas, salud y gobierno. Ofrece una amplia gama de características, como la firma en persona, la firma móvil y la capacidad de capturar evidencia detallada de todo el proceso de firma.

Fig. 21. eSignLive se define como una plataforma para proteger el viaje digital del cliente

J. Sertifi

Ofrece soluciones para la firma electrónica, el cierre de acuerdos y la gestión segura de pagos. Es especialmente popular en la industria hotelera y de viajes, donde la eficiencia y la seguridad en las transacciones son esenciales.

K. JSignPdf

Es una aplicación de código abierto que permite agregar firmas digitales a documentos PDF. Es una herramienta gratuita que puede ser utilizada por individuos y organizaciones que buscan una solución simple y sin costo para la firma de documentos PDF.

Anotación

Se trata de una aplicación (gratuita) que permite firmar un documento PDF electrónicamente con tu firma electrónica (en archivo, en token o en cédula). A su vez, permite agregar más de una firma electrónica al documento. Para realizar la firma se debe descargar el software JSignPDF disponible para Windows, MAC y Linux.

L. PortaSigma

Es una solución de firma electrónica que permite firmar documentos desde navegadores y dispositivos móviles. Ofrece una variedad de métodos de autenticación y es compatible con los estándares de firma electrónica en la Unión Europea.

Fig. 22. PortaSigma permite ahorrar tiempo, dinero y desplazamientos, es un sistema con el que los clientes, proveedores y empleados podrán firmar la documentación a distancia con todas las garantías

La AutoFirma es una herramienta esencial para individuos y organizaciones en España que necesitan firmar electrónicamente documentos de manera regular. Al ser una aplicación oficial del gobierno, ofrece un alto grado de confiabilidad y cumple con los estándares y regulaciones nacionales e internacionales relacionados con la firma electrónica. Además, su facilidad de uso y versatilidad la convierten en una opción preferida para muchos usuarios que buscan una solución de firma digital eficiente y confiable.

AutoFirma es una aplicación desarrollada por el Ministerio de Hacienda y Administraciones Públicas.

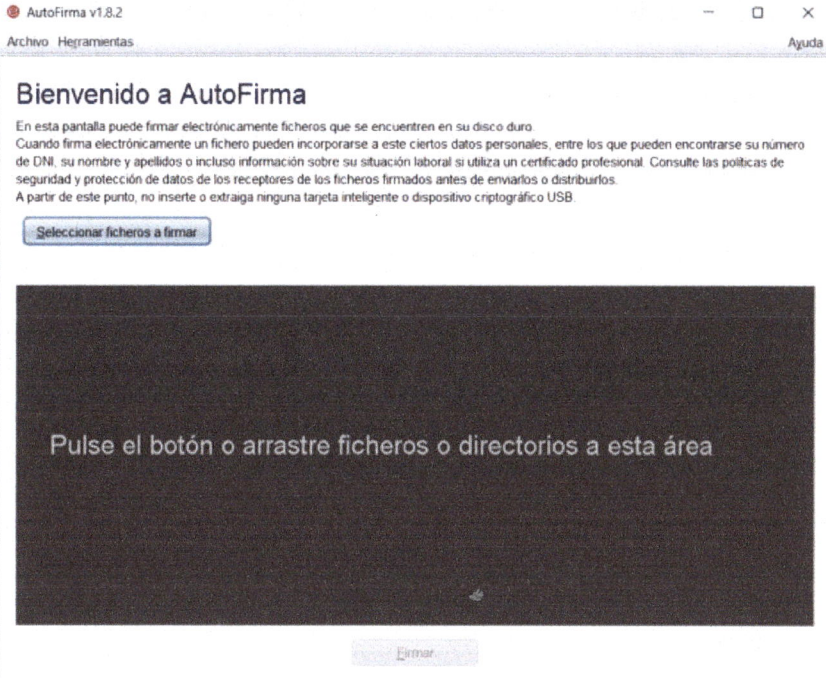

Fig. 23. El principal objetivo de Autofirma es facilitar la firma electrónica de documentos desde el ordenador personal de un usuario

A continuación, se detallan las características y funcionalidades de esta herramienta:

- **Firma electrónica de documentos**: Permite la firma electrónica de documentos a través de los siguientes tipos de firma:

o **Firma simple**: Permite al usuario firmar electrónicamente un documento con su certificado digital.

o **Tipos de firma**: AutoFirma soporta diferentes formatos de firma, como CAdES (para documentos CMS o PKCS#7), XAdES (para documentos XML) y PAdES (para documentos PDF).

- **Multiplataforma**: AutoFirma está diseñado para ser compatible con varios sistemas operativos, incluidos Windows, macOS y Linux.

- **Integración con navegadores**: Una de las características destacadas de AutoFirma es su capacidad para integrarse con navegadores *web*. Esto es especialmente útil para procesos en línea que requieren firma electrónica, como la presentación de declaraciones fiscales, la solicitud de servicios gubernamentales o la participación en licitaciones públicas.

- **Uso de certificados almacenados**: AutoFirma puede acceder a certificados digitales almacenados en diferentes ubicaciones, como el almacén de certificados del sistema operativo, tarjetas inteligentes o dispositivos USB criptográficos.

- **Operaciones de firma avanzadas**: Además de las firmas simples, AutoFirma soporta operaciones avanzadas como la cofirma (añadir una firma adicional sin modificar las existentes) y la contrafirma (firmar las firmas ya presentes en un documento).

5. Autonomía en el desempeño comercial y empresarial

La autonomía en el desempeño comercial y empresarial representa una dimensión crítica en la era moderna, donde la tecnología y la digitalización están remodelando la forma en que las empresas operan y compiten. En este contexto, la administración electrónica emerge como un facilitador clave, permitiendo a las empresas gestionar sus operaciones con mayor eficiencia, flexibilidad y transparencia.

La administración electrónica no es simplemente una cuestión de adoptar tecnologías digitales; es una transformación profunda que afecta a todos los aspectos de la gestión empresarial. Desde la integración de sistemas y la automatización de procesos hasta la gestión de documentos y la seguridad de datos, la administración electrónica ofrece herramientas y enfoques que empoderan a las empresas para tomar el control de su destino en un entorno comercial cada vez más complejo y competitivo.

Esta autonomía no solo mejora la eficiencia operativa, sino que también abre nuevas oportunidades para la innovación y el crecimiento. Permite a las empresas responder rápidamente a los cambios en el mercado, cumplir con las regulaciones de manera más efectiva y ofrecer un mejor servicio a los clientes y socios. Además, fortalece la relación con la administración pública y reguladores, facilitando la participación en licitaciones, el cumplimiento de obligaciones fiscales y la colaboración en proyectos públicos.

La **integración de sistemas de administración electrónica** es un proceso mediante el cual diferentes sistemas y aplicaciones tecnológicas dentro de una organización se conectan y coordinan para funcionar como una entidad unificada. Esto permite una mayor coherencia, eficiencia y agilidad en las operaciones comerciales, y es fundamental para la autonomía en el desempeño comercial.

A continuación, se analizan los componentes esenciales en la integración de sistemas de administración electrónica:

A. Plataformas de gestión empresarial (ERP)

Las Plataformas de Gestión Empresarial, o sistemas ERP (Enterprise Resource Planning), son un componente esencial en la integración de sistemas de administración electrónica. Estos sistemas ofrecen una solución integral para gestionar y coordinar todos los aspectos de una empresa, desde la producción y la cadena de suministro hasta las finanzas y los recursos humanos.

Los elementos de un ERP son:

1. Gestión de almacén.
2. Finanzas.
3. Manejo de inventario.
4. Atención al cliente.
5. Gestión de RR.HH.
6. Manufactura.
7. CRM.
8. Ventas.
9. Gestión de compras.

En cuanto a las funcionalidad y beneficios, destaca lo siguiente:

- **Integración de datos**: Los sistemas ERP consolidan datos de diferentes departamentos y funciones en una única plataforma. Esto elimina la necesidad de múltiples sistemas separados y permite una visión unificada y en tiempo real de toda la empresa.

- **Automatización de procesos**: A través de la automatización, los sistemas ERP pueden gestionar tareas repetitivas y rutinarias, liberando tiempo y recursos humanos para centrarse en actividades más estratégicas y creativas.

- **Mejora de la toma de decisiones**: Con acceso a datos precisos y actualizados, los líderes empresariales pueden tomar decisiones más informadas y ágiles. Esto es vital en un entorno empresarial en constante cambio.

- **Escalabilidad**: Los sistemas ERP son escalables y pueden adaptarse al crecimiento y cambios en la empresa. Esto asegura que la plataforma pueda evolucionar con las necesidades del negocio sin requerir inversiones constantes en nuevas tecnologías.

- **Cumplimiento regulatorio**: Los sistemas ERP pueden ayudar en el cumplimiento de regulaciones y normativas al asegurar que todos los procesos cumplan con los estándares requeridos y al facilitar la generación de informes necesarios.

- **Mejora de la colaboración**: Al tener una única fuente de verdad, los equipos y departamentos pueden colaborar más eficientemente, reduciendo malentendidos y conflictos.

Implementar un sistema ERP no está exento de desafíos. La selección del sistema adecuado, la migración de datos, la formación del personal y la adaptación de los procesos empresariales pueden ser complejas y costosas. Además, la resistencia al cambio dentro de la organización puede obstaculizar la adopción exitosa del sistema.

Las Plataformas de Gestión Empresarial (ERP) son fundamentales para la autonomía en el desempeño comercial y empresarial en la era moderna. A través de la integración de datos, la automatización de procesos y la mejora de la toma de decisiones, estos sistemas permiten a las empresas operar de manera más eficiente y adaptarse rápidamente a las cambiantes condiciones del mercado. Sin embargo, la implementación exitosa requiere una cuidadosa planificación, inversión y gestión del cambio.

Anotación

Un sistema ERP bien implementado puede ser un motor poderoso para la innovación, el crecimiento y la competitividad en el entorno empresarial actual.

B. Sistemas de relación con clientes (CRM)

Los Sistemas de Relación con Clientes, o CRM (Customer Relationship Management), son herramientas tecnológicas diseñadas para gestionar las interacciones de una empresa con sus clientes actuales y potenciales. Estos sistemas juegan un papel decisivo en la autonomía en el desempeño comercial y empresarial, ya que permiten a las organizaciones entender, anticipar y responder a las necesidades de sus clientes de manera más eficiente y efectiva.

Los elementos de un CRM son:

1. Fidelización.
2. Promoción.
3. Interacción.
4. Analítica.
5. Pedidos.
6. Base de datos.
7. Reportes.
8. Comunicación.

En cuanto a sus funcionalidades y beneficios, encontramos:

- **Gestión de información del cliente**: Los sistemas CRM almacenan una gran cantidad de información sobre los clientes, incluyendo datos demográficos, historial de compras, preferencias, interacciones previas y más. Esto permite una visión completa y unificada de cada cliente.

- **Segmentación y personalización**: Basándose en la información recopilada, los sistemas CRM permiten segmentar a los clientes en diferentes categorías y ofrecer productos, servicios y comunicaciones personalizadas. Esto mejora la relevancia y la eficacia de las ofertas de la empresa.

- **Automatización de *marketing* y ventas**: Los sistemas CRM pueden automatizar diversas tareas de *marketing* y ventas, como el seguimiento de leads, la gestión de campañas de correo electrónico y la programación de seguimientos. Esto aumenta la eficiencia y permite a los equipos centrarse en tareas más estratégicas.

- **Soporte y servicio al cliente**: Los sistemas CRM facilitan la gestión de solicitudes de soporte y servicio al cliente, asegurando que las consultas se manejen de manera oportuna y coherente. Esto mejora la satisfacción del cliente y fomenta la lealtad.

- **Análisis e informes**: Con capacidades de análisis integradas, los sistemas CRM ofrecen informes detallados sobre el rendimiento de ventas, la eficacia de las campañas de *marketing*, la satisfacción del cliente y otros indicadores clave. Esto informa la toma de decisiones y ayuda en la planificación estratégica.

- **Integración con otros sistemas**: Los sistemas CRM pueden integrarse con otros sistemas empresariales, como ERP, plataformas de comercio electrónico y herramientas de medios sociales. Esto asegura una operación cohesiva y una experiencia de cliente uniforme en todos los canales.

Los sistemas de Relación con Clientes (CRM) son una herramienta esencial para cualquier empresa moderna que busque fortalecer su relación con los clientes y mejorar su desempeño comercial. Al ofrecer una visión completa de los clientes, facilitar la personalización, automatizar tareas y proporcionar análisis detallados, los sistemas CRM permiten a las empresas responder de manera más ágil y precisa a las necesidades y expectativas del mercado.

Sin embargo, la implementación y el uso exitosos de un sistema CRM requieren una cuidadosa consideración de factores como la adopción, la calidad de los datos, la privacidad y el costo.

 Anotación

Con la estrategia y la ejecución adecuadas, un sistema CRM puede ser un activo valioso que impulsa la satisfacción del cliente, la eficiencia operativa y, en última instancia, el éxito comercial en un entorno cada vez más competitivo y centrado en el cliente.

C. Automatización de procesos comerciales (BPA)

La automatización de procesos comerciales (BPA, por sus siglas en inglés *Business Process Automation*) es una estrategia que utiliza tecnología para ejecutar tareas complejas y repetitivas que anteriormente requerían intervención humana. En el contexto de la integración de sistemas de administración electrónica, la BPA juega un papel importante en mejorar la eficiencia, reducir errores, y permitir a las empresas centrarse en actividades más estratégicas y orientadas al valor.

Un concepto que se asocia frecuentemente a BPA es RPA (*Robotic Process Automation*, automatización robótica de procesos). La automatización de procesos empresariales y la automatización robótica de procesos son dos enfoques de automatización que se diferencian principalmente en su alcance y complejidad. BPA se enfoca en la automatización de flujos de trabajo completos y procesos empresariales, lo que a menudo requiere una integración más profunda con los sistemas empresariales y puede implicar una reingeniería de procesos.

Por otro lado, RPA se centra en tareas específicas y repetitivas dentro de un proceso más amplio, como la entrada de datos, y generalmente no requiere una integración profunda con los sistemas existentes, ya que los "robots" imitan las acciones humanas para interactuar con las interfaces de usuario. Mientras que BPA es más flexible y puede manejar procesos más complejos, RPA es más rígido, pero más fácil de implementar para tareas específicas.

En la siguiente tabla se muestran estas diferencias entre ambos sistemas:

Diferencias entre BPA y RPA	
BPA	RPA
Dirigido por negocios.	Dirigido por tecnología.
Automatiza procesos de múltiples pasos.	Automatiza tareas.
Agiliza los procesos existentes o crea otros nuevos.	Funciona dentro del proceso tal como está.
Utiliza integración, API e intercambio de datos entre diversos sistemas internos y/o externos.	Utiliza interfaces de usuario preexistentes para interactuar, imitando las acciones de un usuario humano.
Requiere análisis y reingeniería.	Sin reingeniería de tareas o procesos.

Con relación a las funcionalidades y beneficios de la BPA, se encuentran las siguientes:

- **Eficiencia operativa**: La BPA acelera los procesos al eliminar la necesidad de intervención manual en tareas rutinarias. Esto reduce el tiempo de ciclo de los procesos y permite una ejecución más rápida y precisa.

- **Reducción de errores**: Al automatizar tareas que son propensas a errores humanos, la BPA mejora la precisión y consistencia, lo que lleva a una mayor calidad en los resultados.

- **Costo-efectividad**: La automatización reduce la necesidad de recursos humanos para tareas repetitivas, lo que puede llevar a una reducción significativa en los costos laborales.

- **Mejora de la toma de decisiones**: La BPA permite la recopilación y análisis de datos en tiempo real, ofreciendo *insights* valiosos que pueden informar la toma de decisiones estratégicas.

- **Flexibilidad y escalabilidad**: Los procesos automatizados pueden ser fácilmente ajustados y escalados para adaptarse a las cambiantes necesidades y demandas del negocio.

- **Cumplimiento regulatorio**: La BPA asegura que los procesos se ejecuten de acuerdo con las normativas y estándares establecidos, facilitando el cumplimiento y la generación de informes.

- **Satisfacción del cliente**: Al acelerar los procesos y mejorar la precisión, la BPA puede mejorar la experiencia del cliente, lo que lleva a una mayor satisfacción y lealtad.

El sistema BPA tiene aplicación en diferentes áreas de negocio:

- **Finanzas**: Automatización de la conciliación de cuentas, procesamiento de facturas, y gestión de gastos.

- **Recursos humanos**: Automatización de la nómina, reclutamiento, y gestión de beneficios.
- **Producción**: Automatización de la planificación de la producción, control de calidad, y gestión de inventario.
- **Ventas y *marketing***: Automatización de la gestión de leads, segmentación de clientes, y campañas de *marketing*.

También es necesario contemplar cuáles son los desafíos que presenta y tener en cuenta algunas consideraciones:

- **Selección de procesos apropiados**: No todos los procesos son adecuados para la automatización. La selección cuidadosa y el análisis de los procesos son imprescindibles para el éxito de la BPA.

- **Integración con sistemas existentes**: La BPA debe integrarse sin problemas con los sistemas y aplicaciones existentes para asegurar una operación cohesiva.

- **Cambio organizacional**: La implementación de la BPA puede requerir cambios significativos en la cultura y estructura organizacional. La gestión del cambio y la formación son esenciales para una transición exitosa.

- **Seguridad y privacidad**: La automatización de procesos sensibles requiere medidas robustas de seguridad y privacidad para proteger la integridad y confidencialidad de los datos.

A través de la BPA, las empresas pueden transformar sus operaciones, liberando recursos humanos para centrarse en la innovación y el crecimiento, mejorando la calidad y la velocidad de los procesos, y fortaleciendo la relación con los clientes.

Sin embargo, la implementación exitosa de la BPA requiere una cuidadosa planificación, selección de procesos, integración con sistemas existentes, y gestión del cambio. Con la estrategia y ejecución adecuadas, la BPA puede ser un motor clave para la autonomía en el desempeño comercial y empresarial, impulsando la competitividad y el éxito en la era digital.

La seguridad en el ámbito digital no es un lujo, sino una necesidad imperante. En un mundo donde las transacciones en línea y el almacenamiento de datos en la nube son cada vez más comunes, la protección de la información se convierte en una prioridad para cualquier empresa.

Fig. 24. La Automatización de Procesos Comerciales es una estrategia poderosa que permite a las empresas operar de manera más eficiente y efectiva en un entorno comercial dinámico

Este enfoque en la seguridad no solo implica la implementación de tecnologías avanzadas, sino también la creación y mantenimiento de políticas y prácticas que aseguren la integridad, confidencialidad y disponibilidad de los datos:

A. Políticas de seguridad y privacidad

En el ámbito de la administración electrónica, la seguridad y la protección de datos son de suma importancia. La administración electrónica implica la gestión y el intercambio de información sensible, incluyendo datos personales, financieros y gubernamentales. Por lo tanto, la implementación de políticas sólidas de seguridad y privacidad es fundamental para garantizar la integridad, confidencialidad y disponibilidad de estos datos.

Las políticas de seguridad en la administración electrónica definen las reglas y procedimientos que rigen cómo se debe proteger la información y los sistemas tecnológicos. Estas políticas pueden incluir:

- **Control de acceso**: Definir quién tiene acceso a qué información y en qué circunstancias, asegurando que solo las personas autorizadas puedan acceder a datos sensibles.

- **Protección contra malware y ataques**: Implementar medidas para detectar y prevenir software malicioso y ataques cibernéticos.

 **Saber más**

Los tipos de *malware* son:

- **Ransomware**: Le chantajea.
- **Spyware**: Roba sus datos.
- **Adware**: Le muestra publicidad sin parar.
- **Redes de *robots***: Convierten el PC en un *"zombie"*.
- **Troyanos**: Introducen malware en el PC.
- **Gusanos**: Se propagan entre equipos.

- **Gestión de incidentes de seguridad**: Establecer procedimientos para responder a violaciones de seguridad o pérdida de datos.

- **Auditorías y monitoreo**: Realizar revisiones regulares y monitoreo continuo para asegurar que las políticas y controles de seguridad estén funcionando eficazmente.

- **Educación y capacitación**: Ofrecer formación continua a los empleados y partes interesadas sobre las mejores prácticas de seguridad.

Por otro lado, las políticas de privacidad en la administración electrónica se centran en cómo se recopilan, utilizan, comparten y almacenan los datos personales. Estas políticas son esenciales para cumplir con las leyes de protección de datos y pueden incluir:

- **Transparencia**: Informar a los individuos sobre cómo se utilizarán sus datos y obtener su consentimiento cuando sea necesario.
- **Limitación de uso**: Utilizar los datos personales solo para los fines para los que fueron recopilados.
- **Protección de datos sensibles**: Implementar medidas adicionales para proteger datos particularmente sensibles, como información financiera o de salud.

- **Derechos del individuo**: Facilitar a los individuos el acceso a sus datos y la capacidad de corregir o eliminar información inexacta.

Las políticas de seguridad y privacidad son fundamentales en la administración electrónica, donde la confianza y el cumplimiento son vitales. La implementación efectiva de estas políticas requiere una comprensión clara de los riesgos y regulaciones aplicables, así como un compromiso continuo con la evaluación y mejora de las prácticas de seguridad y privacidad.

En un mundo donde las amenazas cibernéticas están en constante evolución y las expectativas de privacidad están en aumento, las políticas de seguridad y privacidad deben ser dinámicas y adaptables. La colaboración entre los equipos de tecnología, legal, cumplimiento y operaciones es esencial para desarrollar políticas que protejan los intereses de la organización y de las personas cuyos datos maneja.

En última instancia, las políticas de seguridad y privacidad sólidas no solo protegen contra riesgos y cumplen con las obligaciones legales, sino que también fortalecen la reputación y la confianza, elementos clave para el éxito en la administración electrónica moderna.

B. Gestión de identidades y accesos

La gestión de identidades y accesos (IAM, por sus siglas en inglés) es un componente crítico en la administración electrónica. Se refiere al proceso de identificar, autenticar y autorizar individuos o grupos de personas para acceder a aplicaciones, sistemas o redes en el entorno digital. En el contexto de la administración electrónica, donde se manejan datos sensibles y se realizan transacciones importantes, la IAM es esencial para garantizar que solo las personas autorizadas tengan acceso a la información y los recursos adecuados.

En cuanto a los componentes clave de la IAM, cabe mencionar los siguientes:

- **Identificación**: La identificación es el proceso de reconocer a un usuario dentro del sistema. Esto puede incluir la creación de perfiles de usuario con información única como nombres de usuario, números de identificación o correos electrónicos.

- **Autenticación**: La autenticación verifica la identidad del usuario, asegurando que la persona que intenta acceder al sistema sea quien dice ser. Esto puede lograrse mediante contraseñas, tokens, biometría u otros métodos de autenticación multifactor.

- **Autorización**: La autorización determina qué recursos o información puede acceder un usuario autenticado. Esto se basa en roles, responsabilidades y privilegios, y asegura que los usuarios tengan acceso solo a lo que necesitan.

- **Gestión de cuentas**: La gestión de cuentas incluye la creación, modificación y eliminación de cuentas de usuario, así como la gestión de sus privilegios y accesos.

- **Auditoría y cumplimiento**: La IAM también incluye el seguimiento y registro de actividades de usuario para auditorías y cumplimiento con regulaciones de seguridad y privacidad.

Con relación a su importancia y beneficios, cabe mencionar los siguientes aspectos:

- **Seguridad mejorada**: Al controlar quién tiene acceso a qué, la IAM reduce el riesgo de accesos no autorizados y posibles violaciones de datos.
- **Eficiencia operativa**: La IAM permite una gestión más eficiente de los usuarios y sus accesos, reduciendo la complejidad y los costos operativos.
- **Cumplimiento regulatorio**: La IAM ayuda a cumplir con las regulaciones de protección de datos y privacidad, al asegurar que los accesos sean controlados y monitoreados adecuadamente.

- **Experiencia de usuario personalizada**: Al conocer la identidad y el rol de un usuario, los sistemas pueden ofrecer una experiencia más personalizada y relevante.

La gestión de identidades y accesos es una parte integral de la administración electrónica, desempeñando un papel vital en la seguridad, eficiencia y cumplimiento de las operaciones digitales. A través de una cuidadosa planificación, implementación y gestión, la IAM permite a las organizaciones controlar y proteger el acceso a recursos críticos, mejorando la confianza y la integridad en el entorno digital. En un mundo donde la seguridad y la privacidad son de suma importancia, la IAM es una herramienta esencial para garantizar que la administración electrónica se realice de manera responsable y efectiva.

C. Cumplimiento de normativas de protección de datos

La administración electrónica, que abarca la gestión y el intercambio de información en un entorno digital, está sujeta a una variedad de normativas de protección de datos. Estas normativas tienen como objetivo garantizar que los datos personales y sensibles sean manejados con la debida diligencia, respetando la privacidad y los derechos de los individuos.

Fig. 25. El cumplimiento de estas normativas es fundamental para cualquier entidad que participe en la Administración Electrónica, ya sea en el sector público o privado

Los aspectos clave del cumplimiento de normativas de protección de datos son los siguientes:

- **Identificación de regulaciones aplicables**: Dependiendo de la jurisdicción, la industria y la naturaleza de los datos, diferentes leyes y regulaciones pueden aplicarse. Esto puede incluir leyes nacionales como la Ley Orgánica de Protección de Datos (LOPD) en España o regulaciones internacionales como el Reglamento General de Protección de Datos (GDPR) en la Unión Europea.

- **Evaluación de riesgos y controles**: La identificación y evaluación de los riesgos asociados con el manejo de datos personales es esencial. Esto incluye la implementación de controles adecuados para mitigar estos riesgos.

- **Transparencia y consentimiento**: Las normativas a menudo requieren que las organizaciones sean transparentes sobre cómo se utilizan los datos y obtengan el consentimiento de los individuos cuando sea necesario.

- **Seguridad de datos**: La implementación de medidas de seguridad robustas para proteger los datos contra el acceso no autorizado, la alteración y la pérdida es un requisito común en muchas normativas de protección de datos.

- **Derechos de los titulares de datos**: Las organizaciones deben facilitar a los individuos el ejercicio de sus derechos en relación con sus datos personales, como el derecho de acceso, rectificación, supresión y oposición.

- **Notificación de violaciones**: En caso de una violación de datos, las normativas pueden requerir que las organizaciones notifiquen a las autoridades y a los individuos afectados en un plazo determinado.

- **Formación y concienciación**: La formación continua del personal en las responsabilidades y obligaciones relacionadas con la protección de datos es vital para el cumplimiento efectivo.

El cumplimiento de las normativas de protección de datos en la administración electrónica es una tarea compleja pero esencial. Requiere una comprensión profunda de las leyes y regulaciones aplicables, una evaluación cuidadosa de los riesgos y la implementación de políticas, procedimientos y controles efectivos.

La colaboración entre los equipos legales, de tecnología, de seguridad y de operaciones, junto con una cultura organizacional enfocada en la privacidad, es clave para el éxito en este ámbito. A través de un enfoque proactivo y bien coordinado, las organizaciones pueden cumplir con sus obligaciones legales, proteger los derechos y la privacidad de los individuos, y operar con integridad y confianza en el entorno de la administración electrónica.

Resumen

A lo largo de esta unidad se ha aprendido sobre la importancia de la identificación y autenticación en el entorno digital, con énfasis en cómo las interacciones en línea se aseguran y se vuelven confiables. Se han visto diversos sistemas de identificación, desde métodos basados en contraseñas hasta sofisticadas técnicas biométricas, así como las ventajas y desafíos de implementar estos sistemas, destacando cómo equilibrar la usabilidad y la seguridad es fundamental para cualquier administración electrónica. También se ha profundizado en el futuro de la identificación en *Internet*, observando las tendencias emergentes y cómo podrían remodelar la experiencia digital.

Además, se ha explorado el entorno específico de España en cuanto al intercambio seguro de información entre empresas y administración, y analizado las leyes y regulaciones que guían este intercambio, observando ejemplos prácticos de trámites que las empresas pueden realizar electrónicamente con la administración.

Asimismo, se ha profundizado en el mundo de los certificados digitales y la firma electrónica, herramientas esenciales para garantizar la autenticidad, integridad y confidencialidad de la información en el ámbito digital. Se ha aprendido sobre la historia y los fundamentos de la criptografía de clave pública, y cómo los certificados digitales resuelven el problema de la confianza en las comunicaciones electrónicas. Se han examinado los componentes de un certificado digital, su funcionamiento y su importancia en diversas aplicaciones, desde transacciones seguras en la *web* hasta la participación en licitaciones y contratos públicos.

También se han explorado las diversas aplicaciones y plataformas que ofrecen servicios de firma electrónica y digital, incluyendo soluciones específicas como AutoFirma en España. Se han discutido las ventajas, desafíos y consideraciones legales de la firma electrónica, y cómo estas tecnologías están revolucionando la forma en que se realizan transacciones y se manejan documentos en el mundo digital.

Glosario

AutoFirma

Herramienta desarrollada por el Ministerio de Hacienda y Administraciones Públicas en España para firmar electrónicamente documentos.

Autoridad de Certificación (CA)

Entidad que verifica la identidad de una persona, organización o servidor y emite un certificado digital que vincula una clave pública con esa identidad.

CAdES, XAdES, PAdES

Formatos de firma que son soportados por AutoFirma, utilizados para diferentes tipos de documentos.

Certificados Digitales

Archivos electrónicos que funcionan como una "cédula de identidad digital", vinculando una clave pública con una entidad y confirmando su identidad.

Cifrado

Proceso de convertir información en un código para evitar el acceso no autorizado.

Cofirma y Contrafirma

Operaciones avanzadas de firma que permiten añadir una firma adicional sin modificar las existentes (cofirma) o firmar las firmas ya presentes en un documento (contrafirma).

Criptografía de Clave Pública

Sistema criptográfico que utiliza un par de claves relacionadas: una pública y una privada. La clave pública se utiliza para cifrar información, mientras que la clave privada se utiliza para descifrarla.

Firma Digital

Utiliza la criptografía para asegurar la autenticidad e integridad de un documento o mensaje.

Firma Electrónica

Serie de datos electrónicos que validan la identidad del remitente y garantizan la integridad del documento o mensaje, actuando como el equivalente digital de una firma manuscrita.

Interoperabilidad

Capacidad de diferentes sistemas de firma electrónica para trabajar juntos, incluso si son de diferentes proveedores o están basados en diferentes tecnologías.

No Repudio

Garantía de que un firmante no puede negar posteriormente la autenticidad de su firma.

SSL (*Secure Sockets Layer*) y TLS (*Transport Layer Security*)

Protocolos de seguridad que utilizan certificados digitales para autenticar servidores y, en algunos casos, clientes en la comunicación segura en la *web*.

Ejercicios de autoevaluación

1. ¿Qué es la administración electrónica?

    a. Es el uso de medios electrónicos por parte de las empresas para interactuar entre ellas.

    b. Es una nueva forma de pago en línea.

    c. Es la implementación de sistemas y herramientas digitales por parte de entidades gubernamentales para facilitar la prestación de servicios públicos.

    d. Es el estudio de las redes eléctricas y sistemas relacionados.

2. ¿Cómo impacta la administración electrónica en el comercio electrónico?

    a. No tiene ninguna relación con el comercio electrónico.

    b. Facilita y agiliza procesos administrativos necesarios para operar eficientemente en el comercio electrónico.

    c. Disminuye la confianza del consumidor en las transacciones en línea.

    d. Establece las bases para el diseño de sitios *web* comerciales.

3. ¿Cuál es una de las principales ventajas de la administración electrónica para los ciudadanos?

    a. Permite una mayor interacción social.

    b. Facilita el acceso a servicios y realización de trámites sin desplazamientos físicos.

    c. Ofrece descuentos en tiendas en línea.

    d. Permite a los ciudadanos diseñar sus propios sistemas administrativos.

4. ¿En qué aspecto la administración electrónica y el comercio electrónico son similares?

a. Ambos se centran en la venta de productos físicos.

b. Ambos requieren una presencia física para operar.

c. Ambos se basan en el diseño gráfico y la publicidad.

d. Ambos representan la transformación digital y la transición a interacciones digitales.

5. ¿Qué confianza puede proporcionar la administración electrónica al consumidor en el comercio electrónico?

a. Confianza en que obtendrá descuentos en todos sus pedidos.

b. Confianza en que sus transacciones serán seguras y sus datos estarán protegidos.

c. Confianza en que el producto será de mayor calidad.

d. Confianza en que el proceso de envío será gratuito.

6. ¿Cuál de las siguientes opciones NO es una ventaja de la administración electrónica?

a. Mayor transparencia gubernamental.

b. Reducción de costos operativos.

c. Garantizar que todas las empresas se digitalicen.

d. Accesibilidad a servicios gubernamentales en cualquier momento y lugar.

7. En el contexto de administración electrónica, ¿qué significa autenticación digital?

a. Una técnica de *marketing* digital.

b. Un proceso para verificar la identidad de usuarios o sistemas en operaciones en línea.

c. Una nueva forma de diseño *web*.

d. Un método para medir el tráfico en línea.

8. **¿Qué función cumple una Autoridad de Certificación (CA) en el contexto de los certificados digitales?**

   a. Genera y almacena claves privadas para los usuarios.
   b. Facilita el intercambio de claves públicas entre las partes.
   c. Verifica la identidad de una entidad y emite un certificado digital que vincula una clave pública con esa identidad.

   Proporciona software de cifrado para proteger las comunicaciones en línea.

9. **¿Cuál de las siguientes afirmaciones describe correctamente una de las ventajas de la firma electrónica?**

   a. Permite el intercambio de claves secretas entre partes desconocidas.
   b. Reduce la necesidad de tecnología en el proceso de firma.
   c. Reduce la necesidad de papel, envíos físicos y almacenamiento, lo que ahorra tiempo y recursos.
   d. Permite la verificación manual de firmas en documentos físicos.

10. **¿Qué característica de AutoFirma es especialmente útil para procesos en línea que requieren firma electrónica?**

    a. La capacidad de generar claves públicas y privadas.
    b. La posibilidad de firmar documentos en papel.
    c. Su capacidad para integrarse con navegadores *web*.
    d. La posibilidad de almacenar certificados digitales en la nube.

Módulo 3. *Email Marketing*

Introducción

Una de las áreas más impactadas por esta revolución digital ha sido, sin duda, el ámbito del *marketing*. En pocas décadas, el *marketing* digital ha transformado no solo cómo las empresas se promocionan y venden, sino también cómo se conectan, interactúan y entienden a sus consumidores.

La digitalización ha democratizado el acceso a las audiencias. A diferencia de la era *pre-digital*, donde las campañas publicitarias masivas requerían de grandes presupuestos y estaban principalmente al alcance de las grandes corporaciones, hoy, cualquier emprendedor con una idea

innovadora y acceso a internet puede alcanzar a un público global. Esta evolución ha llevado a una diversificación y personalización sin precedentes de las estrategias de *marketing*.

Sin embargo, en esta vastedad digital, el desafío se ha tornado más complejo. La audiencia, aunque más accesible, se ha vuelto también más elusiva y selectiva. La sobreexposición a la información ha hecho que el consumidor promedio desarrolle una especie de inmunidad a los mensajes publicitarios tradicionales. Esto ha llevado a las empresas a buscar formas más auténticas y directas de comunicación, y aquí es donde el *email marketing* ha mostrado su valor inmutable.

A pesar de la proliferación de redes sociales, aplicaciones y nuevas plataformas, el correo electrónico ha permanecido como una herramienta omnipresente en la vida digital de la mayoría de las personas. Más allá de ser simplemente una herramienta de comunicación, el email se ha consolidado como un espacio personal, casi íntimo, en el vasto mundo digital. Es esa bandeja de entrada que revisamos al comenzar y terminar el día, donde recibimos noticias, actualizaciones y también promociones.

El *email marketing*, a diferencia de otros canales digitales más volátiles, ofrece a las empresas la posibilidad de establecer una comunicación directa, personalizada y, lo más importante, permisiva con sus clientes. Cuando alguien se suscribe a una lista de correo, está otorgando un permiso implícito a una marca para entrar en ese espacio personal. Es una invitación a conversar, a ofrecer valor y a construir una relación más profunda.

Además, el *email marketing* ofrece una métrica transparente y directa de retorno sobre la inversión (ROI). Cada clic, apertura y conversión puede ser rastreada, lo que permite a las empresas entender con precisión qué funciona y qué no. Esta capacidad de medición, sumada a la posibilidad de segmentación y personalización, convierte al email *marketing* en una herramienta poderosamente efectiva.

Por supuesto, el *marketing* digital va más allá del correo electrónico. La estrategia de *marketing* digital abarca una serie de tácticas, desde el SEO hasta la publicidad de pago por clic, pasando por la gestión de redes sociales y el *marketing* de contenidos. Sin embargo, lo que todas estas tácticas tienen en común es el objetivo de llegar al consumidor en el momento y lugar adecuados, con el mensaje correcto. Y en este amplio ecosistema, el *email marketing* sigue siendo uno de los canales más efectivos para lograr precisamente eso.

El surgimiento y consolidación de la economía digital también ha cambiado la naturaleza de la competencia. Hoy, las empresas no solo compiten en términos de precio, producto o ubicación, sino también en términos de atención. Ganar la atención de los consumidores en un mundo sobrecargado de información es el nuevo campo de batalla, y el *marketing* digital es la herramienta que las empresas tienen para luchar en este frente.

Objetivos

- Comprender los fundamentos del *marketing* digital y su relación con el *email marketing*. Adquirir habilidades en el uso de herramientas y estrategias digitales para la gestión comercial.
- Desarrollar la capacidad para diseñar, implementar y analizar campañas en *social media marketing*.
- Desarrollar habilidades esenciales para la gestión efectiva en el ámbito del *marketing* digital.

1. Diseño, creación y gestión de un plan de *Marketing*

En el universo empresarial contemporáneo, la formulación y administración de un plan de *marketing* eficaz se han convertido en actividades fundamentales para el éxito a largo plazo de cualquier organización. Este plan no solo funciona como una estrategia integral para alcanzar los objetivos de mercado, sino que también actúa como un documento guía que coordina los diversos esfuerzos de *marketing* y ventas. Desde la concepción de la marca hasta la ejecución de campañas publicitarias, pasando por la gestión de relaciones con los clientes, un plan de *marketing* efectivo integra todos estos elementos en un marco coherente y orientado a resultados.

Entre los aspectos más destacados que se abordarán en los epígrafes siguientes, se encuentra el plan como herramienta de gestión. Este enfoque se desglosará en temas tales como la definición y necesidad del plan de *marketing*, los componentes clave que lo componen y cómo el *email marketing* puede integrarse efectivamente en la estrategia global. Estos temas se explorarán con el objetivo de proporcionar una visión detallada de cómo un plan de *marketing* bien concebido y gestionado puede convertirse en un recurso invaluable para cualquier organización que busque no solo sobrevivir, sino prosperar en el competitivo entorno de mercado actual.

1.1. El plan como herramienta de gestión

Un plan de *marketing* es un documento estratégico que establece cómo una empresa alcanzará sus objetivos de *marketing*. Sirve como una hoja de ruta, delineando las estrategias, tácticas y acciones específicas que se implementarán para promover un producto, servicio o la marca en sí.

La necesidad de un plan de *marketing* radica en su capacidad para proporcionar una estructura y dirección claras a los esfuerzos de *marketing* de una empresa. Sin un plan, los esfuerzos de *marketing* pueden ser inconsistentes y descoordinados, lo que puede llevar a resultados poco óptimos. Un plan de *marketing* ayuda a mantener a todos en la empresa en la misma página en cuanto a las metas y objetivos de *marketing*, y proporciona una hoja de ruta clara para alcanzarlos.

Fig. 1. Un plan de marketing es una herramienta esencial de gestión que puede mejorar la toma de decisiones, aumentar la eficiencia y la eficacia de las actividades de marketing

 **Ejemplo**

Imagina que eres el propietario de una nueva marca de zapatillas deportivas. En lugar de simplemente lanzarlas al mercado y esperar lo mejor, desarrollarías un plan de *marketing* que podría incluir análisis de la competencia, identificación de nuestro público objetivo, estrategias de precios, promoción y distribución, y una serie de campañas específicas de *email marketing* para promocionar tus productos.

 **Importante**

Un plan de *marketing* efectivo puede ayudar a una empresa a anticiparse y prepararse para los cambios en el mercado, a aprovechar nuevas oportunidades y a evitar posibles amenazas.

El proceso de diseñar y ejecutar un plan de *marketing* eficaz es un arte en sí mismo. Cada componente tiene sus propias particularidades y requiere un análisis detallado para ser bien implementado.

A continuación, se exponen con más detalle cada uno de estos componentes:

A. Análisis de actuación

El análisis de situación es como un diagnóstico médico. Antes de poder prescribir un tratamiento, primero hay que entender lo que está sucediendo. En el contexto del *marketing*, esto significa obtener una comprensión clara del mercado en el que se está operando:

- **Análisis del mercado**: Se necesita entender el tamaño del mercado, su tasa de crecimiento, y las tendencias actuales y emergentes. Por ejemplo, ¿está creciendo el mercado? Si es así, ¿a qué velocidad? ¿Qué factores externos, como los avances tecnológicos o los cambios demográficos, están influyendo en su dirección?

- **Análisis de la competencia**: ¿Quiénes son tus principales competidores? ¿Qué tácticas de *marketing* están utilizando? ¿Qué ventajas competitivas tienen? ¿Qué debilidades podemos explotar? Por ejemplo, si eres una *start-up* de tecnología, es posible que estés compitiendo con empresas mucho más grandes con más recursos. Sin embargo, la ventaja podría ser la agilidad y la capacidad de innovar más rápidamente.

- **Análisis DAFO**: Una vez que se ha recopilado información sobre el mercado y la competencia, se puede realizar un análisis DAFO. Esta herramienta permite ver claramente las Fortalezas y Debilidades internas del negocio, así como las Oportunidades y Amenazas externas en el mercado. Por ejemplo, una fortaleza podría ser un equipo de *marketing* altamente capacitado, mientras que una debilidad podría ser una falta de reconocimiento de marca en un mercado saturado.

B. Objetivos de *marketing*

Definir objetivos claros y medibles es fundamental. Sin metas claramente definidas, es difícil medir el éxito o entender qué tácticas están funcionando. Estos objetivos se dividen en:

- **Objetivos SMART**: Los objetivos deben ser Específicos, Medibles, Alcanzables, Relevantes y Temporales. Por ejemplo, en lugar de decir "quiero aumentar las ventas", un objetivo SMART podría ser "aumentar las ventas en un 10% en los próximos seis meses".

- **Objetivos a corto y largo plazo**: Mientras que los objetivos a corto plazo pueden centrarse en tácticas específicas, como aumentar el tráfico *web* o mejorar la tasa de conversión, los objetivos a largo plazo podrían estar más orientados hacia metas como establecer una marca líder en el mercado o expandirse a nuevos mercados.

C. Estrategias y tácticas

Las estrategias son el 'qué' y las tácticas son el 'cómo'. Una estrategia podría ser posicionarse como el líder en productos sostenibles en un mercado, mientras que las tácticas podrían incluir iniciativas específicas como campañas de *marketing* de contenidos centradas en la sostenibilidad o colaboraciones con *influencers* ambientales. Entre estas tácticas, destacan las dos siguientes:

- **Segmentación del mercado**: No todos los clientes son iguales. La segmentación permite dividir un mercado en grupos más pequeños y homogéneos para personalizar el enfoque. Por ejemplo, si una empresa vende productos de belleza, podría segmentar a su audiencia por edad, tipo de piel o preferencias de productos.

- ***Mix* de *marketing* (Las 4 Ps)**: Producto, Precio, Plaza (distribución) y Promoción. Por ejemplo, si el producto es una crema facial premium, la estrategia de precio podría ser de alta gama, la distribución podría centrarse en tiendas departamentales exclusivas y la promoción podría centrarse en la exclusividad y los beneficios del producto.

D. Presupuesto

Determinar cuánto se gastará y en qué es fundamental. Esto también puede requerir hacer elecciones difíciles sobre qué tácticas implementar y cuáles posponer o eliminar.

Para determinar el presupuesto, se utilizan estas herramientas:

- **Asignación de recursos**: Basándose en los objetivos y las tácticas elegidas, ¿dónde se obtendrá el mayor retorno de la inversión? Si el *email marketing* ha demostrado ser una táctica efectiva para el negocio, es posible que se quiera asignar una porción significativa del presupuesto allí.

Fig. 2. Es vital hacer un seguimiento del gasto en relación con el presupuesto

- **Monitoreo del gasto**: Esto permite hacer ajustes en tiempo real si ciertas tácticas están costando más de lo previsto o no están generando el retorno esperado.

E. Implementación y control

Una vez que se ha elaborado el plan, es hora de ponerlo en acción. Pero la implementación no es un proceso de "configúralo y olvídalo", hay que monitorear continuamente el progreso hacia los objetivos y estar listo para hacer ajustes en tiempo real:

- **Calendario de implementación**: Establecer fechas límite claras para cada táctica y asegurarse de tener los recursos necesarios para llevarlas a cabo. Por ejemplo, si planeas lanzar una nueva campaña publicitaria, ¿cuándo se lanzará? ¿Quién es el responsable?

- **Medición y análisis**: Usar herramientas analíticas para medir el rendimiento. Esto puede incluir análisis *web*, monitoreo de redes sociales o software de CRM. La idea es entender qué tácticas están funcionando y cuáles no, y hacer ajustes en consecuencia.

Cuando se habla de *marketing* digital, es fácil quedar atrapado en las últimas tendencias y plataformas emergentes. Sin embargo, a pesar de todas las nuevas tecnologías y tácticas, el *email marketing* ha resistido la prueba del tiempo y sigue siendo una herramienta poderosa y esencial en el arsenal de un comercializador.

Antes de profundizar en cómo el *email marketing* se encaja en un plan de *marketing* moderno, es importante entender su origen. El *email marketing* comenzó prácticamente con el advenimiento del correo electrónico. Ya en la década de 1970, las empresas comenzaron a ver el potencial de enviar mensajes promocionales a través de este nuevo canal digital. Desde entonces, ha evolucionado desde simples mensajes de texto hasta correos electrónicos altamente personalizados y diseñados que se adaptan a los intereses y comportamientos de los usuarios.

Entre las ventajas del *Email Marketing*, encontramos las siguientes:

- **Alto alcance**: La mayoría de las personas revisa su correo electrónico diariamente. A diferencia de las redes sociales, donde los algoritmos pueden afectar la visibilidad del contenido, el email llega directamente a la bandeja de entrada de un usuario.

- **Interactividad**: Los correos electrónicos modernos pueden contener elementos interactivos, como videos, *GIFs* o incluso juegos, lo que los hace más atractivos y memorables para el receptor.

- **Control sobre el mensaje**: En lugar de depender de algoritmos, se tiene total control sobre el mensaje, diseño y tiempo de envío.

Una de las mayores fortalezas del *email marketing* es la capacidad de segmentar a los suscriptores en diferentes listas o grupos. Al tener listas segmentadas, se puede enviar mensajes personalizados que se alineen con las necesidades e intereses de cada grupo.

Ejemplo

Recibir un correo electrónico de una tienda de ropa que destaca prendas que son exactamente de nuestro estilo y tamaño.

Con la tecnología actual, es posible automatizar una serie de correos electrónicos basados en el comportamiento o acciones específicas de un usuario. Por ejemplo, si alguien se suscribe a un boletín, puede recibir automáticamente una serie de correos electrónicos de bienvenida durante las siguientes semanas.

Fig. 3. La personalización no solo aumenta la relevancia del mensaje, sino que también puede aumentar significativamente las tasas de conversión

Esta automatización no solo ahorra tiempo y esfuerzo, sino que también garantiza que se está interactuando con los clientes de manera oportuna y relevante.

Algunas ideas de automatización de correos electrónicos son las siguientes:

- **Campañas de Abandono de Carrito**: Si un cliente añade productos a su carrito en línea, pero no completa la compra, se puede enviar automáticamente un correo electrónico recordándoles lo que dejaron atrás y ofrecer un incentivo, como un descuento, para alentarlos a finalizar la compra.

- **Boletines Informativos**: Estos pueden ser enviados semanal o mensualmente y contener noticias, actualizaciones y contenido relevante que mantiene a la marca en la mente de los clientes.

- **Promociones Especiales**: Ofrece descuentos o promociones exclusivas a los suscriptores, dándoles un incentivo para permanecer en la lista y hacer compras.

2. Manejo y utilización del *Marketing* Digital en la gestión comercial

En el paisaje empresarial moderno, el *marketing* digital se ha consolidado como un componente insustituible en la gestión comercial. Este enfoque del *marketing* emplea una variedad de plataformas y técnicas digitales para conectar con los consumidores, fortalecer la marca y fomentar las ventas. Desde el uso de algoritmos hasta la segmentación de audiencias, el *marketing* digital representa un cambio paradigmático que ha redefinido las estrategias comerciales. Esta modalidad ofrece una capacidad sin precedentes para rastrear, medir y analizar el comportamiento del consumidor, permitiendo a las empresas adaptar sus estrategias en tiempo real para maximizar la efectividad y el retorno de la inversión.

A continuación, se van a explorar diversas dimensiones del *marketing* digital en el contexto de la gestión comercial. Se comenzará con un enfoque particular en las redes sociales, desglosando su importancia, las particularidades de diversas plataformas y las estrategias recomendadas para una implementación efectiva. Posteriormente, se abordarán otras herramientas *web* cruciales en la gestión comercial, tales como herramientas de automatización de *marketing*, sistemas de gestión de relaciones con el cliente (CRM) y herramientas de optimización de conversión. Cada uno de estos elementos juega un papel vital en la construcción de un ecosistema de *marketing* digital robusto y eficiente, capaz de enfrentar los desafíos y aprovechar las oportunidades del mercado contemporáneo.

2.1. Redes sociales

Las redes sociales han revolucionado la manera en que las empresas y marcas interactúan con su público objetivo. Desde plataformas establecidas como Facebook,

Instagram y X, hasta emergentes como TikTok o Clubhouse, las redes sociales ofrecen oportunidades únicas para las marcas de construir una comunidad, mejorar el reconocimiento de la marca y aumentar las ventas.

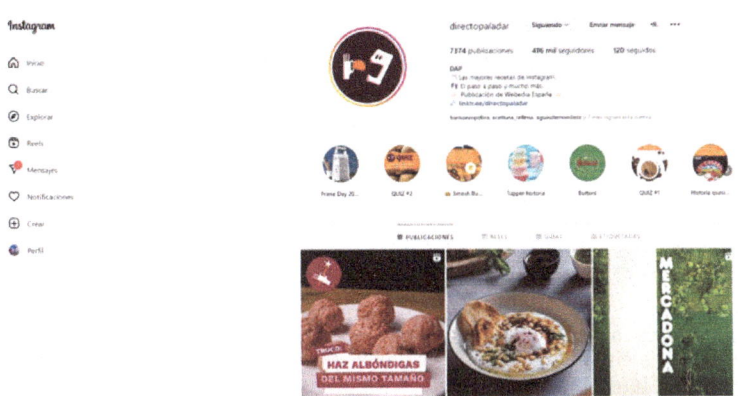

Fig. 4. Instagram es una de las plataformas más utilizadas en la actualidad

El *marketing* digital ha experimentado un cambio sísmico con la evolución y popularidad de las redes sociales. Estas plataformas, desde su inicio, han transformado no solo la manera en que las personas se comunican entre sí, sino también cómo las empresas interactúan con sus consumidores.

Fig. 5. Si Starbucks lanza un nuevo tipo de bebida y la anuncia en X, los consumidores pueden responder directamente a ese tweet con sus opiniones, creando un diálogo en tiempo real

Las redes sociales no son un fenómeno nuevo. Desde los primeros sitios de comunidades online y foros hasta la aparición de Facebook, X, Instagram, y TikTok, las redes sociales han evolucionado para convertirse en plataformas multifacéticas. No solo permiten la comunicación entre amigos y familiares, sino que también han abierto un extenso mundo de oportunidades para las marcas y empresas.

Las redes sociales han eliminado las barreras geográficas. Una pequeña tienda local ahora tiene el potencial de ser descubierta por un cliente en otro continente. Más que nunca, las empresas tienen la oportunidad de presentar sus productos o servicios a una audiencia global.

El valor de las redes sociales radica en su naturaleza bidireccional. Mientras que, en el pasado, las marcas emitían mensajes y los consumidores simplemente recibían, ahora los consumidores pueden responder, iniciar conversaciones y compartir su opinión.

 **Ejemplo**

Una marca de joyería artesanal en Argentina podría ser descubierta y apreciada por un entusiasta de la joyería en Japón, todo gracias a una publicación de Instagram bien gestionada.

Uno de los mayores beneficios de la publicidad en redes sociales es la capacidad de segmentar a la audiencia de manera precisa. Las marcas pueden dirigirse a individuos basados en sus intereses, comportamientos, demografía, e incluso según las interacciones previas con la marca.

 **Ejemplo**

Una tienda online de ropa para bebés puede dirigir sus anuncios de Facebook a mujeres en un rango de edad específico que hayan mostrado interés en productos para bebés recientemente.

Las redes sociales son visualmente ricas. Desde fotos y *GIFs* hasta videos en vivo y realidad aumentada, las marcas tienen un arsenal de herramientas para contar sus historias de manera innovadora y atractiva.

Nike, al lanzar un nuevo par de zapatillas, podría crear un video de realidad aumentada en Instagram, permitiendo a los usuarios "probar" virtualmente las zapatillas.

Más allá de la interacción directa, las redes sociales ofrecen a las marcas la capacidad de "escuchar" lo que se dice sobre ellas. Herramientas de escucha social pueden rastrear menciones, hashtags y conversaciones, dando a las empresas valiosas perspectivas sobre la percepción de la marca, áreas de mejora, e incluso identificar embajadores de marca no oficiales.

El contenido excepcional tiene el potencial de volverse viral en las redes sociales. Esta viralidad puede generar un nivel de exposición y reconocimiento de marca que supera con creces cualquier esfuerzo publicitario de pago.

Una pequeña pizzería que crea un video divertido y único sobre cómo hacen sus pizzas podría ser compartido y visto por millones de personas, convirtiéndose en una sensación de la noche a la mañana.

Aunque las oportunidades son inmensas, también existen desafíos. Las expectativas de respuesta rápida, la gestión de crisis, la saturación de contenido y el cambio constante en los algoritmos de las plataformas, son áreas que las marcas deben tratar con cuidado.

Las redes sociales continúan evolucionando. La incorporación de inteligencia artificial, *chatbots*, y comercio integrado son solo algunas de las tendencias emergentes. Las marcas deben mantenerse al día con estos cambios para garantizar que su estrategia de *marketing* en redes sociales siga siendo relevante y efectiva.

Veamos, a continuación, las plataformas de redes sociales junto a sus particularidades de forma detenida:

A. Facebook

Facebook se destaca como la red social más grande del mundo, con más de dos mil millones de usuarios activos mensuales. Su amplia base de usuarios ofrece un alcance global incomparable, convirtiendo a Facebook en una plataforma ideal para marcas que buscan una presencia global. La capacidad de la plataforma para ofrecer opciones de segmentación detallada permite a las empresas dirigirse a audiencias específicas basadas en intereses, demografía, comportamiento y más. Esto ha hecho que Facebook sea especialmente efectivo en el *marketing* dirigido al consumidor final (B2C), donde las marcas pueden interactuar directamente con los consumidores, fomentar la participación y construir una comunidad leal.

La plataforma no solo ofrece una amplia gama de opciones de segmentación, sino también una variedad de herramientas publicitarias a través de Facebook Ads. Estas herramientas personalizables ayudan en la promoción y aumentan la visibilidad de productos y servicios. La integración de Facebook con Instagram, otra red social importante, permite una gestión más eficiente de las campañas publicitarias en ambas plataformas, brindando una experiencia cohesiva.

Facebook también se ha convertido en una poderosa herramienta para el comercio electrónico y ventas, con características como Facebook Marketplace y Facebook Shops que permiten a las empresas vender productos directamente a través de la plataforma. La diversidad de opciones de contenido, desde texto y fotos hasta videos y transmisiones en vivo, brinda a las marcas muchas formas de conectarse y comunicarse con su audiencia.

Además, Facebook Insights ofrece análisis detallados sobre el rendimiento de las publicaciones y el compromiso del usuario. Esto permite a las marcas ajustar y perfeccionar continuamente sus estrategias de *marketing* para lograr una mayor eficacia.

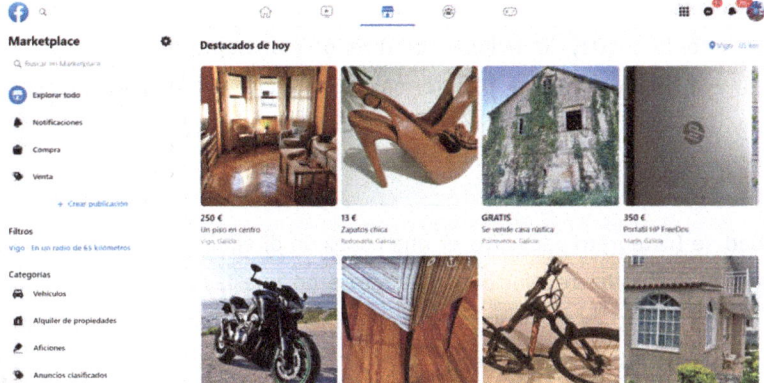

Fig. 6. Ejemplo de la herramienta Facebook Marketplace

Sin embargo, no todo es positivo. Al ser una plataforma dominante, Facebook enfrenta críticas y desafíos en áreas como la privacidad, la moderación de contenido y la ética en la publicidad. La comprensión y navegación por estos aspectos pueden ser vitales para una marca que utiliza Facebook para el *marketing*. La responsabilidad y la ética juegan un papel muy importante en cómo una marca puede utilizar Facebook para conectarse con su audiencia de manera efectiva y responsable.

Una marca de zapatillas podría usar Facebook para mostrar anuncios segmentados a personas que han mostrado interés en el deporte o la actividad física.

B. Instagram

Instagram, propiedad de Facebook, ha emergido como una de las plataformas de medios sociales más influyentes del mundo, especialmente atractiva para industrias orientadas visualmente. Desde su lanzamiento en 2010, ha capturado la imaginación de un público global, con su enfoque en la fotografía y el vídeo, presentando una oportunidad única para las marcas que dependen de imágenes atractivas.

La naturaleza visual de Instagram la ha convertido en la plataforma perfecta para industrias como la moda, la belleza, el diseño, los viajes y la gastronomía. La simplicidad y la estética de la plataforma permiten a las marcas presentar sus productos y servicios de una manera que resuene con la naturaleza visualmente estimulada del público moderno.

La capacidad de Instagram para ofrecer una conexión directa con la audiencia a través de imágenes y vídeos ha revolucionado la forma en que las marcas interactúan con sus consumidores. Esto es particularmente evidente en la industria de la moda, donde los diseñadores y las marcas pueden ofrecer vistas previas de sus colecciones, ofreciendo a los seguidores una visión interna y exclusiva. Esto ha permitido una forma de *marketing* más íntima y directa, que no solo vende un producto sino también un estilo de vida y una estética.

Además, la introducción de características como Instagram Stories y IGTV ha ampliado aún más el alcance de la plataforma, permitiendo a las marcas contar historias más ricas y conectarse con su audiencia a un nivel más profundo. Instagram Stories permite a las marcas compartir momentos efímeros y auténticos, mientras que IGTV ofrece una plataforma para contenidos más largos y estructurados.

Una de las características más atractivas de Instagram es su algoritmo, que premia la autenticidad y la participación. Las marcas que pueden crear una conexión genuina con su audiencia tienden a ser más exitosas en la plataforma. Esto ha llevado a un cambio en la forma en que las marcas se acercan al *marketing*, priorizando la autenticidad y la conexión sobre la mera promoción.

 **Anotación**

La plataforma también ha sido fundamental en el surgimiento de *influencers*. Muchos individuos han construido carreras y negocios exitosos a través de Instagram, convirtiéndose en voceros y colaboradores clave para las marcas. La colaboración con *influencers* ha permitido a las marcas llegar a audiencias más amplias y diversas, de una manera más orgánica y creíble.

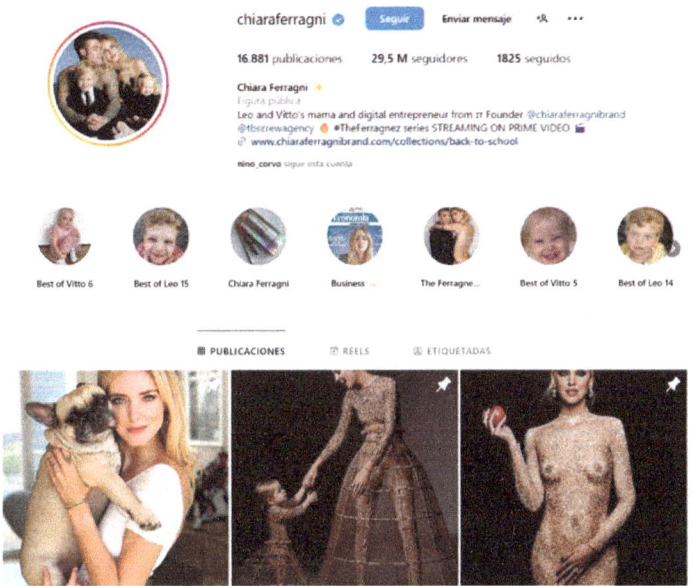

Fig. 7. Chiara Ferragni es una de las influencers más conocidas en todo el mundo

No obstante, no todo en Instagram es sencillo. La plataforma presenta desafíos en términos de mantener el compromiso y la visibilidad en un paisaje siempre cambiante y altamente competitivo. Además, con el enfoque en lo visual, la calidad del contenido se ha vuelto crítica. Las imágenes y vídeos comunes o vulgares no resonarán con la audiencia, y las marcas deben invertir en contenido de alta calidad para destacarse.

Instagram también ha comenzado a abordar el comercio electrónico con características como Instagram Shopping, permitiendo a las marcas etiquetar productos directamente en las imágenes, llevando a los consumidores directamente a una página de compra. Esto ha creado una experiencia de compra más integrada y fluida, cerrando aún más la brecha entre la marca y el consumidor.

En cuanto a los análisis, Instagram ofrece *Insights*, una herramienta poderosa que ayuda a las marcas a entender cómo se está desempeñando su contenido. Esto incluye métricas sobre el alcance, las impresiones, la participación y más, permitiendo a las marcas ajustar su estrategia según sea necesario.

Ejemplo

Una empresa de turismo podría publicar impresionantes fotos de destinos de viaje, o colaborar con *influencers* para promocionar paquetes de viaje.

C. X (antes Twitter)

X, lanzado en 2006 como Twitter, ha crecido rápidamente hasta convertirse en una de las principales plataformas de medios sociales en el mundo, con un enfoque particular en el contenido actual y el compromiso en tiempo real. A lo largo de los años, ha evolucionado de ser una simple plataforma de *microblogging* a una herramienta esencial de *marketing* y comunicación para marcas, organizaciones e individuos. a esencia de X radica en su simplicidad y su enfoque en la inmediatez. Los tweets, limitados a 280 caracteres, ofrecen una forma concisa de comunicarse y conectar con la audiencia. Esta limitación ha llevado a un tipo único de comunicación, donde cada palabra cuenta, y las marcas deben ser precisas y efectivas en sus mensajes.

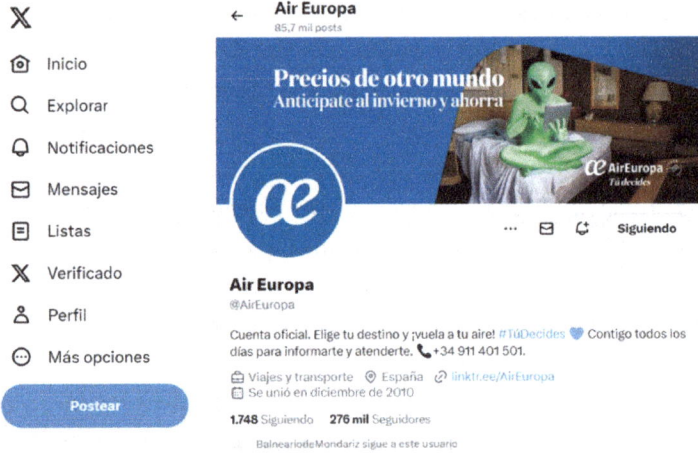

Fig. 8. Ejemplo de una cuenta de empresa en la red social X

Una de las áreas en las que X ha demostrado ser particularmente eficaz es en la gestión de la reputación y el servicio al cliente. La capacidad de responder rápidamente a los comentarios y preguntas de los clientes ha convertido a X en una herramienta esencial para muchas marcas en la gestión de esta relación. Muchas grandes corporaciones han establecido cuentas de X dedicadas exclusivamente al servicio al cliente, ofreciendo una línea directa de comunicación y apoyo.

X también se ha convertido en una herramienta clave para la promoción de eventos y lanzamientos de productos. La plataforma permite a las marcas generar entusiasmo y expectación en torno a un evento o producto, utilizando hashtags y conversaciones en vivo para involucrar a la audiencia. La capacidad de interactuar en tiempo real durante un evento, ya sea una conferencia, un lanzamiento de producto o incluso un evento deportivo, ha creado una experiencia de participación única para la audiencia.

El uso de hashtags en X ha permitido a las marcas y a los usuarios seguir y participar en conversaciones globales sobre temas específicos. Los hashtags pueden ser una forma poderosa de aumentar la visibilidad y el compromiso con un tema o campaña particular, permitiendo a las marcas alcanzar audiencias fuera de su base de seguidores existente.

Además, su naturaleza abierta significa que las marcas tienen la oportunidad de escuchar y monitorear las conversaciones que ocurren sobre ellas, su industria o sus competidores. Esto ha llevado a un mayor entendimiento del sentimiento y la percepción del público, permitiendo una estrategia de *marketing* más ajustada y receptiva.

Anotación

También ha sido una plataforma para la promoción de contenidos más largos. Aunque la plataforma se basa en mensajes cortos, las marcas han utilizado X para dirigir tráfico a *blogs*, videos y otros contenidos más largos. Esto ha creado una sinergia entre X y otros canales de *marketing*, donde X sirve como una puerta de entrada y un amplificador para contenidos más ricos.

La publicidad en X ha evolucionado para ofrecer a las marcas una variedad de opciones, desde tweets promocionados hasta tendencias patrocinadas. Esto ha permitido una segmentación más precisa y una promoción más eficaz. Sin embargo, como con todas las formas de publicidad pagada, el éxito en X requiere una comprensión profunda de la audiencia y una estrategia cuidadosamente planificada.

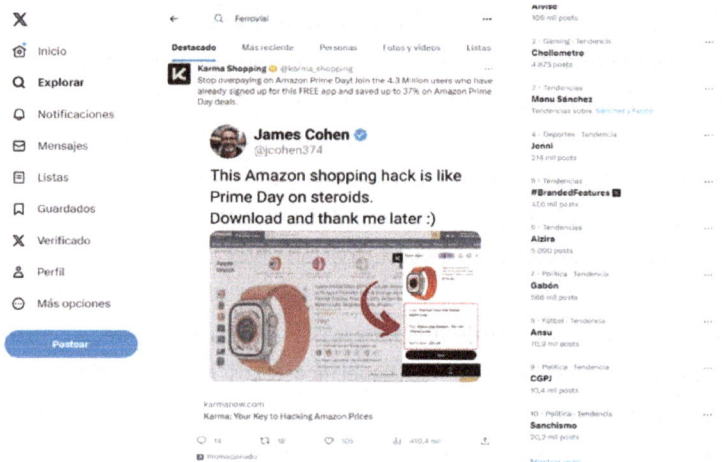

Fig. 9. Ejemplo de un anuncio en X

El análisis en X también ha avanzado, con una serie de herramientas disponibles para ayudar a las marcas a entender cómo se están desempeñando sus tweets y campañas. Esto incluye información sobre el alcance, la participación, los clics y otros datos valiosos que pueden guiar la estrategia de *marketing* en la plataforma.

Una empresa tecnológica podría usar X para compartir noticias sobre lanzamientos de productos o para interactuar con usuarios que tengan preguntas o inquietudes.

D. LinkedIn

LinkedIn, fundada en 2002, se ha convertido en la red social profesional por excelencia, proporcionando un entorno donde los individuos y las empresas pueden conectarse, compartir conocimientos y oportunidades, y desarrollar sus carreras y negocios. Su foco en el mundo profesional la hace especialmente efectiva para estrategias de negocio a negocio (B2B) y para el establecimiento de una marca como líder en su sector.

El corazón de LinkedIn radica en su capacidad para facilitar la conexión y el *networking* entre profesionales. La plataforma permite a los usuarios crear perfiles detallados que resalten sus habilidades, experiencias y logros profesionales. A través de estas conexiones, se fomenta una colaboración significativa, el intercambio de ideas y la posibilidad de descubrir nuevas oportunidades de carrera o negocios.

LinkedIn ha sido reconocida como una herramienta vital en la estrategia de *marketing* B2B. A diferencia de otras redes sociales, su enfoque está en el mundo de los negocios y la profesión, lo que la convierte en un entorno ideal para las estrategias B2B. Las empresas pueden crear páginas de negocios, publicar actualizaciones, compartir información valiosa y participar en grupos de discusión para conectarse con otros profesionales y empresas en su sector.

Anotación

Una de las ventajas clave de LinkedIn para el *marketing* B2B es su capacidad para la segmentación precisa. Las empresas pueden dirigirse a profesionales específicos basándose en la industria, el cargo, la ubicación y otros criterios relevantes. Esto permite una comunicación más dirigida y personalizada, aumentando la probabilidad de éxito en las campañas de *marketing*.

LinkedIn ofrece una plataforma para que las empresas y los individuos establezcan su liderazgo en un campo particular. A través de publicaciones regulares, artículos y participación en grupos de discusión, las marcas pueden demostrar su experiencia y conocimientos, contribuyendo a la comunidad profesional y posicionándose como líderes en su campo. La función de publicación de LinkedIn permite a los usuarios escribir y compartir artículos *in-depth*, lo que puede ser una herramienta poderosa para construir una reputación como experto en una materia específica.

También es conocida como una herramienta poderosa para el reclutamiento y el desarrollo de carrera. Los reclutadores utilizan la plataforma para buscar candidatos potenciales, mientras que los individuos la utilizan para explorar oportunidades de trabajo y conectarse con posibles empleadores. La posibilidad de mostrar habilidades, certificaciones y recomendaciones en un perfil de LinkedIn ha hecho que sea una parte vital del proceso moderno de búsqueda de empleo.

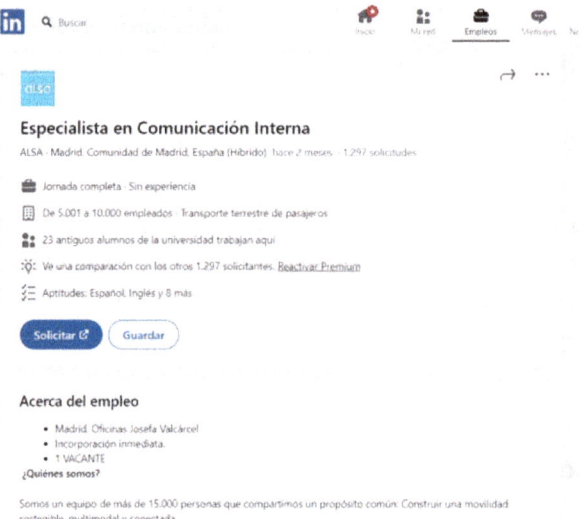

Fig. 10. Anuncio de empleo en LinkedIn

La plataforma ofrece opciones de publicidad que permiten a las empresas promocionar su contenido a un público más amplio. Con herramientas de análisis robustas, las marcas pueden seguir el rendimiento de sus anuncios y publicaciones, obteniendo *insights* valiosos sobre su audiencia y su compromiso.

Los grupos de LinkedIn ofrecen un espacio para que profesionales y empresas con intereses similares se conecten y compartan conocimientos. Estos grupos pueden ser de gran valor para la colaboración, la generación de ideas y el establecimiento de conexiones en la industria.

LinkedIn Learning es otra herramienta que destaca, ofreciendo una amplia variedad de cursos y recursos de aprendizaje para ayudar a los profesionales a desarrollar sus habilidades y avanzar en sus carreras.

Fig. 11. Ejemplo de la herramienta LinkedIn Learning

A pesar de sus muchas ventajas, LinkedIn también plantea desafíos y consideraciones: La estrategia de *marketing* en LinkedIn debe ser cuidadosamente planificada y ejecutada, ya que el tono y el contenido deben ser apropiados para una audiencia profesional. La participación activa y regular es esencial para mantener la visibilidad y la eficacia en la plataforma.

Ejemplo

Una empresa de software podría publicar artículos detallados sobre las últimas tendencias en tecnología o casos de estudio de clientes satisfechos.

E. TikTok

TikTok, una plataforma que ha tomado al mundo por sorpresa, se centra en el contenido de video corto y ha ganado una popularidad extraordinaria, especialmente entre las generaciones más jóvenes. Desde su lanzamiento en 2016 por la empresa ByteDance, TikTok ha emergido como un fenómeno global que ha cambiado la forma en que las personas consumen y crean contenido en línea.

La esencia de TikTok reside en su enfoque en videos cortos y atractivos que duran entre 15 y 60 segundos. Estos videos pueden ser acompañados por una variedad de efectos, música y sonidos, ofreciendo a los creadores una herramienta poderosa para expresar su creatividad y conectar con la audiencia.

TikTok ha encontrado su nicho principalmente entre los adolescentes y adultos jóvenes. Su diseño intuitivo y enfoque en contenido visual y entretenido ha resonado con una generación que creció en la era digital. La capacidad de crear y compartir contenido fácilmente ha fomentado una comunidad vibrante y activa.

 Anotación

Lo que distingue a TikTok de otras plataformas es su poderoso conjunto de herramientas de creación. Los usuarios pueden utilizar una amplia variedad de efectos, filtros, y opciones de edición para crear videos únicos y llamativos. Esto ha permitido a las personas convertirse en creadores y ha democratizado la producción de contenido de alta Calidad

Pero TikTok no es solo una aplicación; se ha convertido en una parte integral de la cultura pop. Las tendencias, bailes y desafíos que surgen en TikTok a menudo trascienden la plataforma y se convierten en fenómenos culturales. La música también juega un papel esencial, con muchos artistas ganando fama a través de la viralidad en TikTok.

Además, ha tenido un impacto considerable en la industria del entretenimiento y la publicidad. Ha redefinido lo que significa ser una celebridad en la era digital, con creadores de TikTok ganando seguidores en números astronómicos y convirtiéndose en figuras públicas reconocibles.

Más allá del entretenimiento, TikTok también ha sido utilizado como una herramienta para la educación y la concienciación. Muchos creadores utilizan la plataforma para compartir información sobre temas importantes, desde salud mental hasta política y derechos civiles.

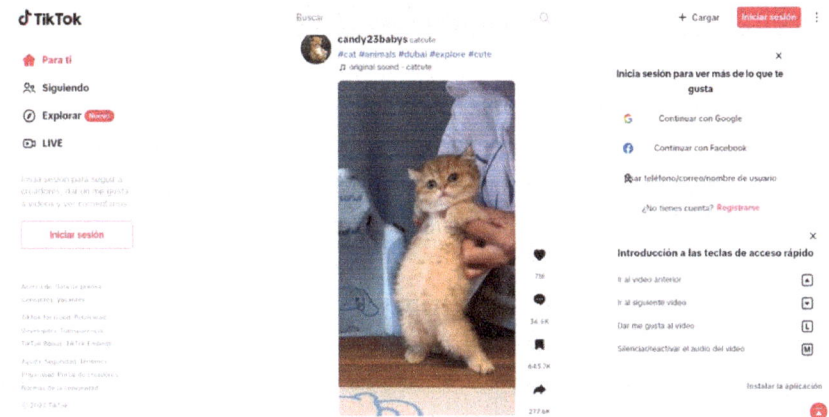

Fig. 12. "Feed" de la red social TikTok

Ejemplo

Una marca de maquillaje podría colaborar con creadores populares de TikTok para mostrar tutoriales rápidos usando sus productos.

Una vez analizadas las redes sociales más utilizadas actualmente, se muestran una serie de estrategias utilizadas por las redes sociales en *marketing* digital:

A. Publicidad pagada en RR.SS.

En un entorno donde la competencia es feroz y la atención de los usuarios es fugaz, la publicidad pagada en redes sociales ha emergido como una herramienta esencial para las marcas que desean destacar. A diferencia de la publicidad orgánica, la publicidad pagada asegura que el contenido llegue a una audiencia más amplia y específica, ofreciendo mayor control y precisión en la segmentación.

En cuanto a los tipos de publicidad pagada, se encuentran los siguientes:

- **Publicaciones promocionadas**: Las publicaciones promocionadas permiten a las marcas ampliar el alcance de sus publicaciones regulares pagando una tarifa. Esto asegura que el contenido sea visible para un grupo más amplio de usuarios, incluyendo aquellos que pueden no seguir a la marca.

- **Historias patrocinadas**: Las historias patrocinadas son eficaces en plataformas como Instagram y Facebook, donde las historias son una característica popular. Permiten a las marcas crear anuncios visualmente atractivos que aparecen entre las historias regulares de los usuarios.

- **Videos promocionados**: Los videos promocionados ofrecen una experiencia más inmersiva y pueden ser particularmente eficaces para demostrar un producto o contar una historia de marca. Estos videos pueden aparecer en la sección de noticias, en las historias, o incluso en plataformas dedicadas a videos como YouTube.

Uno de los mayores beneficios de la publicidad pagada en redes sociales es la capacidad de segmentar la audiencia. Las marcas pueden dirigirse a usuarios basados en su ubicación, edad, género, intereses, comportamiento en línea y mucho más. Esto permite a las marcas crear campañas altamente personalizadas que resuenen con su público objetivo.

La publicidad pagada también viene con herramientas robustas de medición y análisis. Las marcas pueden rastrear el rendimiento de sus anuncios en tiempo real, observar cómo los usuarios interactúan con el contenido y ajustar las estrategias según sea necesario. Esto contribuye a una toma de decisiones más informada y eficiente.

El cálculo del ROI es vital en cualquier estrategia de *marketing*, y la publicidad pagada en redes sociales no es una excepción. A través de una cuidadosa planificación, segmentación y seguimiento, las marcas pueden lograr un ROI significativo, obteniendo resultados tangibles por su inversión.

Vocabulario

El **ROI** o **retorno de la inversión en RR.SS**. es lo que una empresa recibe tras el tiempo, dinero y los recursos invertidos en *marketing* a través de estas. Nos permite cuantificar económicamente si una campaña de anuncios o tus estrategias de *marketing* en las redes sociales han sido rentable o no.

Aunque eficaz, la publicidad pagada en redes sociales no está exenta de desafíos. La sobreexposición a anuncios puede llevar a la fatiga de anuncios entre los usuarios. Además, la configuración y gestión de campañas publicitarias requiere una comprensión profunda de la plataforma y del público objetivo.

Anotación

La publicidad pagada en redes sociales está en constante evolución. Las plataformas están introduciendo regularmente nuevas características y opciones de anuncios, y las marcas deben mantenerse al día con estas tendencias para maximizar su eficacia.

Ejemplo

Una tienda de ropa podría crear anuncios en Instagram Stories mostrando sus últimas colecciones, dirigidos específicamente a mujeres entre 18 y 30 años en una ciudad específica.

B. *Marketing* de influencia

El *marketing* de influencia ha experimentado un crecimiento exponencial en la última década, transformándose en una estrategia central para muchas marcas que buscan ampliar su alcance y resonancia en las redes sociales. Consiste en colaborar con *influencers* o creadores de contenido que tienen una audiencia establecida en una plataforma de redes sociales.

 **Vocabulario**

El **marketing de influencia** se basa en la idea de que ciertos individuos, conocidos como *influencers*, tienen una influencia significativa sobre sus seguidores. Estos *influencers* pueden ser celebridades, expertos en una industria, o simplemente individuos carismáticos que han acumulado una audiencia leal en línea.

A continuación, se detallan los distintos tipos de *marketing* de influencia:

- **Colaboraciones pagadas**: Muchas marcas optan por pagar a los *influencers* para promocionar sus productos o servicios. Esto puede incluir publicaciones patrocinadas, videos, o historias en plataformas como Instagram, YouTube, o TikTok.

- *Gifting*: A veces, las marcas envían productos gratuitos a los *influencers* con la esperanza de que estos los promocionen. Aunque no hay una obligación contractual, el *influencer* puede elegir hablar positivamente del producto si le gusta.

- **Programas de embajadores**: Algunas marcas establecen relaciones a largo plazo con *influencers*, convirtiéndolos en embajadores de la marca. Esto crea una colaboración continua que puede ser más auténtica y efectiva.

Ejemplo

Una marca de suplementos deportivos podría enviar sus productos a un *influencer fitness* para que los muestre en su rutina diaria y hable de sus beneficios.

C. Contenido generado por el usuario

El contenido generado por el usuario (*User-Generated Content* o *UGC*) es una estrategia que ha revolucionado la forma en que las marcas interactúan y se conectan con sus audiencias. En lugar de depender únicamente de contenido creado internamente, las marcas ahora incentivan a sus clientes y seguidores a crear y compartir contenido relacionado con sus productos o servicios.

El contenido generado por el usuario se refiere a cualquier forma de contenido, ya sea texto, imágenes, videos, comentarios, publicaciones en redes sociales, etc.,

Fig. 13. Una aerolínea podría usar la escucha social para identificar y responder rápidamente a quejas o problemas que los clientes comparten en X

que haya sido creado y compartido por usuarios no pagados, es decir, consumidores o seguidores de una marca. Estos contenidos suelen ser una respuesta directa a experiencias positivas con el producto o la marca, o parte de una campaña específica donde se invita a los usuarios a participar.

El contenido generado por el usuario tiene numerosas ventajas:

- **Autenticidad**: El UGC es visto como más genuino y confiable ya que proviene de consumidores reales en lugar de equipos de *marketing*.
- **_Engagement_**: Fomenta la participación y la interacción con la marca, fortaleciendo la conexión entre la marca y su audiencia.

- **Contenido fresco y diverso**: Ofrece una fuente continua de contenido nuevo y diverso que puede ser utilizado en diferentes plataformas.
- **Ahorro de costos**: Al usar el contenido creado por los usuarios, las marcas pueden ahorrar en costos de producción.

Las marcas pueden incentivar el contenido generado por el usuario a través de varios métodos:

- **Concursos y sorteos**: Invitar a los usuarios a compartir imágenes o experiencias con un producto a cambio de una oportunidad de ganar premios.
- *Hashtags* **específicos**: Crear y promover un *hashtag* de marca para que los usuarios lo utilicen en sus publicaciones.
- **Colaboración y co-creación**: Invitar a los usuarios a participar en el desarrollo de un nuevo producto o en la creación de una campaña de *marketing*.
- **Reconocimiento y reposteo**: Resaltar y compartir el contenido de los usuarios en los canales oficiales de la marca, dándoles reconocimiento.

Para una implementación exitosa del contenido generado por el usuario, las marcas deben:

- **Definir objetivos claros**: ¿Qué espera lograr la marca con el UGC? Ya sea aumentar la visibilidad, fortalecer la lealtad de la marca, o algo más.
- **Establecer guías**: Proporcionar directrices claras sobre qué tipo de contenido se busca y cómo debe ser utilizado el *hashtag* o cualquier otro elemento de la campaña.
- **Monitorear y moderar**: Observar constantemente el contenido generado y asegurarse de que cumple con las normas y valores de la marca.
- **Pedir permiso**: Si se planea usar el contenido en campañas publicitarias, es vital obtener el consentimiento del creador del contenido.
- **Medir el impacto**: Utilizar métricas para evaluar el éxito de la estrategia en términos de *engagement*, alcance, conversiones, entre otros.

Fig. 14. Análisis de visitantes en una página de empresa en LinkedIn

Una marca de café podría crear un hashtag y animar a sus clientes a compartir fotos de sus mañanas con ese café, ofreciendo descuentos o premios al contenido más creativo.

D. Escucha social

La escucha social es una práctica esencial en el *marketing* moderno que va más allá de simplemente monitorear lo que se dice sobre una marca en las redes sociales. Implica rastrear, analizar y responder a las conversaciones y menciones sobre una empresa, sus productos o su industria. Con las herramientas de escucha social adecuadas, una empresa puede obtener información valiosa, mejorar su reputación y crear una mejor experiencia para el cliente.

La escucha social se refiere a la práctica de usar tecnología para monitorear y analizar conversaciones en línea, especialmente en las redes sociales. Estas conversaciones pueden estar relacionadas con una marca específica, un producto, competidores o incluso toda una industria.

Se muestra, a continuación, cómo implementar la escucha social:

- **Definir objetivos**: Antes de comenzar, es importante entender qué se quiere lograr con la escucha social. Puede ser para la gestión de la reputación, la innovación del producto, la investigación de la competencia, etc.

- **Seleccionar herramientas y plataformas**: Hay muchas herramientas disponibles que ofrecen capacidades de escucha social, desde plataformas integrales hasta herramientas más especializadas. La elección depende de las necesidades y el presupuesto.

- **Identificar palabras clave y temas**: Esto incluye el nombre de la marca, los nombres de productos, los hashtags relacionados, los términos de la industria y cualquier otra palabra clave relevante.

- **Monitorear y analizar**: Esto implica rastrear continuamente las menciones y conversaciones, y analizar los datos para obtener *insights* útiles.

- **Responder y participar**: La escucha social no es solo sobre monitoreo, sino también sobre participación. Responder a comentarios y participar en conversaciones puede fortalecer la relación con los clientes.

- **Medir y ajusta**r: Como con cualquier estrategia de *marketing*, es esencial medir el éxito y hacer ajustes según sea necesario.

Ahora bien, para lograr el éxito en redes sociales, es esencial medir y analizar la efectividad de las estrategias, de la siguiente manera:

- **Métricas clave**: Estas pueden incluir *engagement* (*likes*, comentarios, compartidos), alcance, clics en enlaces, conversiones, entre otros.

- **Herramientas de análisis**: Plataformas como Google Analytics, Facebook Insights o herramientas de terceros como Hootsuite o Buffer ofrecen análisis detallados del desempeño en redes sociales.

Una tienda online podría usar Google Analytics para rastrear cuántas ventas se generan a partir de *clics* en sus publicaciones de Instagram.

Las redes sociales, como se ha visto, ofrecen enormes oportunidades, pero también presentan desafíos:

- **Cambios constantes**: Las plataformas de redes sociales están en constante evolución, lo que significa que las marcas deben estar siempre alerta a los cambios y adaptar sus estrategias en consecuencia.

- **Gestión de crisis**: Las redes sociales pueden amplificar rápidamente los problemas o las quejas. Las marcas deben estar preparadas para gestionar crisis y responder adecuadamente a las críticas o problemas.

Un restaurante podría enfrentar una oleada de críticas negativas después de un incidente. Es vital tener un plan para responder, abordar el problema y, si es necesario, hacer cambios en la operación.

2.2. Otras herramientas *web* en la gestión comercial

Las redes sociales no son las únicas herramientas *web* que las empresas pueden utilizar para impulsar su gestión comercial. A medida que el mundo digital ha evolucionado, ha surgido una variedad de herramientas diseñadas para ayudar a las empresas a alcanzar, atraer y retener a sus clientes. Se muestran, a continuación, las herramientas *web* más influyentes que están remodelando la gestión comercial moderna:

A. Herramientas de automatización de *marketing*

Las herramientas de automatización de *marketing* han surgido como soluciones vitales, permitiendo a las empresas optimizar sus esfuerzos, reducir tareas manuales y mejorar su eficiencia general.

La automatización de *marketing* se refiere al uso de software y tecnología para optimizar, automatizar y medir tareas y flujos de trabajo de *marketing*. Esto puede incluir operaciones como la gestión de leads, la segmentación de clientes, el envío de emails personalizados y la analítica.

Se identifican una serie de beneficios de estas herramientas:

- **Eficiencia**: Automatizar tareas repetitivas libera tiempo, lo que permite a los equipos concentrarse en la estrategia y en actividades de mayor valor.

- **Consistencia**: Asegura que los mensajes sean coherentes y se envíen regularmente, manteniendo a la marca en la mente de los consumidores.

Fig. 15. Es fundamental investigar y probar varias herramientas antes de decidir cuál es la más adecuada

- **Segmentación avanzada**: Permite enviar contenido personalizado a segmentos específicos, aumentando la relevancia y la efectividad del mensaje.

- **Análisis en tiempo real**: Las herramientas proporcionan datos y métricas que ayudan a las empresas a adaptar y mejorar sus estrategias de *marketing*.

La elección de una herramienta depende de varios factores, incluyendo las necesidades específicas del negocio, el tamaño de la empresa, el presupuesto y el nivel de experiencia del equipo.

Mientras que la automatización de *marketing* tiene numerosos beneficios, también tiene desafíos. Estos pueden incluir la curva de aprendizaje inicial al adoptar una nueva herramienta, asegurarse de que la automatización no reste humanidad o personalidad a las comunicaciones y mantenerse actualizado con las constantes actualizaciones y evoluciones tecnológicas.

Se exponen con detalle algunas de estas herramientas:

---

1. HubSpot

HubSpot se ha establecido como una de las principales plataformas en el campo de la automatización de *marketing*. Centrándose específicamente en esta área, ofrece una serie de funciones y herramientas que permiten a las empresas automatizar procesos de *marketing* complejos y personalizar su enfoque para diferentes segmentos de la audiencia.

HubSpot permite a los usuarios crear flujos de trabajo personalizados que automatizan las tareas y acciones basadas en criterios específicos. Por ejemplo, si un visitante descarga un *eBook*, el sistema puede automáticamente clasificarlo en un segmento particular y enviarle contenido relevante. Esto permite a los equipos de *marketing* crear experiencias de usuario altamente personalizadas sin la necesidad de intervención manual continua.

La capacidad de segmentar automáticamente a la audiencia en diferentes categorías basadas en su comportamiento, demografía o interacción con el contenido es fundamental en la automatización de *marketing*. HubSpot utiliza datos y análisis inteligentes para clasificar a los usuarios en segmentos que luego pueden recibir contenido y ofertas específicas, aumentando así la relevancia y eficacia de las campañas.

Hubspot permite la automatización de las publicaciones en redes sociales, ayudando a las empresas a mantener una presencia activa y coherente en diferentes plataformas. Puede programar y publicar contenido automáticamente en momentos óptimos, basados en análisis de la audiencia y patrones de interacción.

La plataforma proporciona análisis automatizados que monitorean y miden el rendimiento de las campañas en tiempo real. Esto permite a los equipos de *marketing* ajustar rápidamente las estrategias y responder a las tendencias emergentes sin la necesidad de recopilar y analizar manualmente grandes cantidades de datos.

La automatización en la gestión de contenido en HubSpot significa que el contenido relevante puede ser entregado a los usuarios en diferentes etapas del embudo de ventas. Esto puede incluir la presentación automática de *blogs*, artículos o videos relacionados basados en la interacción previa del usuario con la marca.

HubSpot puede asignar automáticamente una puntuación a los leads basada en su nivel de interacción y compromiso. Esto permite a los equipos de *marketing* priorizar leads y centrarse en aquellos que tienen una mayor probabilidad de conversión.

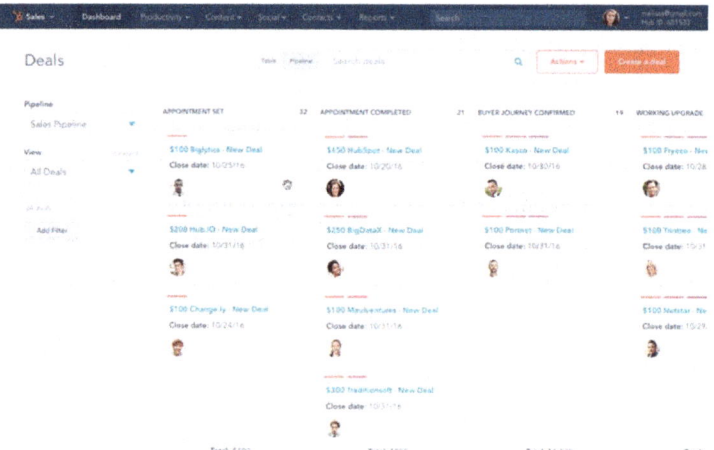

Fig. 16. Pantalla principal de la plataforma Hubspot

Ejemplo

Una empresa puede rastrear un lead desde el momento en que visita su sitio *web* por primera vez, hasta cuando se convierte en cliente y más allá, permitiendo una nutrición y retención de clientes más eficiente.

---

2. Marketo

Marketo, propiedad de Adobe, es una solución integral para la automatización de *marketing* que ha ganado renombre por su robustez y flexibilidad. Se ha convertido en una opción especialmente popular entre las empresas de tamaño medio a grande debido a su amplio conjunto de herramientas y capacidades.

Esta herramienta ofrece la capacidad de diseñar, implementar y gestionar campañas de *marketing* multicanal de forma automatizada. Esto significa que las empresas pueden coordinar campañas a través de correo electrónico, redes sociales, *web* y otros canales, y hacerlo de forma coherente y eficiente. La automatización también permite la personalización a escala, ofreciendo contenido relevante a diferentes segmentos de la audiencia en función de su comportamiento e interacciones previas.

La plataforma proporciona una amplia gama de herramientas de análisis que permiten a los equipos de *marketing* monitorear y evaluar el rendimiento de sus campañas en tiempo real. Desde la tasa de clics hasta la conversión y la retención, Marketo proporciona *insights* detallados y automatizados que ayudan a entender lo que funciona y lo que no, y a tomar decisiones basadas en datos.

Anotación

Marketo se integra perfectamente con una variedad de otras herramientas y plataformas, como CRM, sistemas de gestión de contenido y herramientas de análisis. Esta integración permite una mayor automatización y eficiencia en todo el proceso de *marketing*, ya que los datos pueden fluir sin problemas entre diferentes sistemas y ser utilizados para activar acciones automáticas.

La plataforma permite la creación, programación y difusión de contenido de forma automatizada. Esto significa que los equipos de *marketing* pueden planificar y ejecutar estrategias de contenido complejas, desde *blogs* hasta *webinars* y vídeos, y asegurarse de que se entregan en el momento adecuado a la audiencia adecuada.

Marketo también se centra en mejorar la experiencia del cliente mediante la automatización. Puede rastrear las interacciones del cliente con la marca y utilizar esta información para ofrecer experiencias personalizadas. Por ejemplo, si un cliente ha mostrado interés en un producto específico, Marketo puede activar automáticamente correos electrónicos personalizados o anuncios dirigidos relacionados con ese producto.

Con su robustez y flexibilidad, también ofrece fuertes capacidades de seguridad y cumplimiento. La automatización en este ámbito significa que las empresas pueden estar seguras de que están cumpliendo con las regulaciones y estándares de la industria sin tener que gestionarlo manualmente.

Ejemplo

Una empresa B2B puede usar Marketo para puntuar leads basados en la interacción con el contenido, asegurando que solo los leads más calificados sean pasados al equipo de ventas.

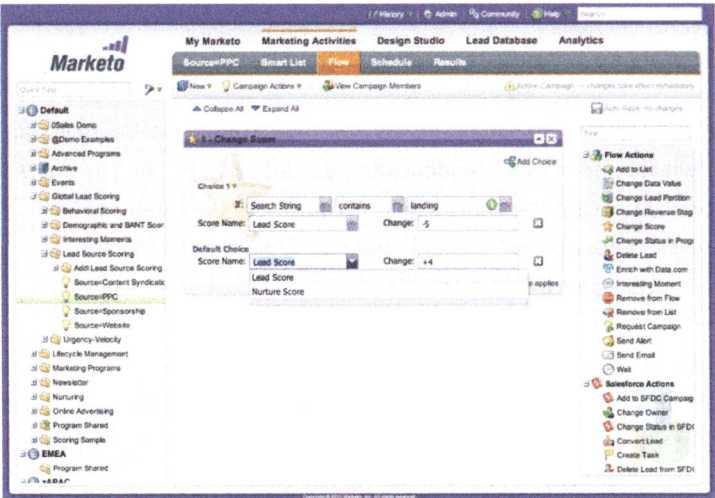

Fig. 17. Página principal de la plataforma Marketo

3. Pardot

Pardot, una herramienta de automatización de *marketing* B2B propiedad de Salesforce, ha emergido como una fuerza vital en el paisaje del *marketing* moderno. Su rica variedad de funcionalidades y la estrecha integración con el ecosistema de Salesforce lo convierten en la opción preferida para muchas empresas B2B.

Una de las características más destacadas de Pardot es su sistema de puntuación y segmentación de leads. La puntuación de leads permite a las empresas asignar valores a los leads basándose en su comportamiento y nivel de interés. Esto ayuda a identificar los leads más prometedores y a concentrar los recursos en ellos. La segmentación de leads asegura que los mensajes de *marketing* se dirijan a los grupos correctos dentro de la audiencia, mejorando así la eficacia de las campañas.

La integración perfecta con Salesforce CRM es un punto fuerte de Pardot, que permite una colaboración sin fisuras entre los equipos de ventas y *marketing*. La automatización de la transferencia de datos entre estos dos sistemas garantiza que los leads se gestionen de forma eficiente a lo largo de todo el ciclo de vida del cliente.

Esto conduce a una mayor alineación entre las ventas y el *marketing* y mejora la tasa de conversión.

La plataforma ofrece herramientas de análisis y generación de informes que brindan *insights* detallados sobre el rendimiento de las campañas de *marketing*. La automatización en este aspecto significa que los informes pueden generarse regularmente sin intervención manual, permitiendo un seguimiento constante y la posibilidad de hacer ajustes en tiempo real.

La automatización de la gestión de contenido en Pardot permite a los equipos de *marketing* crear y desplegar rápidamente *landing pages* y otros contenidos. Esto facilita la captación de leads y el seguimiento de la interacción con el contenido, mejorando así la eficacia de las estrategias de *marketing*.

Ejemplo

Una empresa que vende software empresarial puede usar Pardot para nutrir leads a lo largo de un ciclo de ventas más largo, proporcionando contenido relevante en función del comportamiento y la interacción del lead.

Fig. 18. A través de un CRM, las empresas pueden almacenar información de contactos, historiales de ventas, interacciones previas, correos electrónicos, y mucho más, todo en un lugar centralizado

La era digital ha transformado el modo en que las empresas interactúan con sus clientes. Las expectativas de los consumidores sobre las marcas han aumentado, buscan respuestas rápidas, soluciones personalizadas y experiencias memorables. En este contexto, las herramientas de CRM (*Customer Relationship Management*) emergen como esenciales. Permiten a las empresas gestionar, analizar y optimizar sus relaciones con los clientes y posibles clientes de una manera estructurada y efectiva.

CRM, o "Gestión de Relaciones con el Cliente" por sus siglas en inglés, se refiere tanto a una estrategia de negocio como a sistemas de *software* que ayudan a las empresas a administrar interacciones y relaciones con sus clientes.

Los principales beneficios que ofrece esta herramienta son:

- **Centralización de la información**: Todos los datos del cliente se encuentran en un solo lugar, facilitando el acceso y la toma de decisiones.
- **Mejora del servicio al cliente**: Al tener un registro completo de las interacciones con el cliente, se pueden atender sus necesidades de manera más eficiente.
- **Optimización de campañas de *marketing***: Permite segmentar la base de clientes para campañas dirigidas.
- **Automatización de tareas**: Muchos procesos manuales, como el seguimiento de leads, pueden ser automatizados, lo que ahorra tiempo.
- **Análisis y reportes**: Los CRMs ofrecen análisis detallados que ayudan a las empresas a identificar tendencias, problemas y oportunidades.

La elección de un CRM dependerá de diversos factores, como los que se muestran a continuación:

- **Tamaño y tipo de empresa**: Las necesidades de una *start-up* no serán las mismas que las de una corporación global.
- **Funcionalidades requeridas**: Algunas empresas pueden requerir CRM con capacidades avanzadas de IA, mientras que otras podrían estar buscando funcionalidades más básicas.
- **Presupuesto**: Los CRMs varían ampliamente en precio, por lo que es fundamental tener en cuenta el ROI.
- **Integraciones**: Es muy importante que el CRM se pueda integrar sin problemas con otras herramientas utilizadas por la empresa.

Con la evolución constante de la tecnología, las herramientas de CRM no son una excepción. Estamos viendo una creciente integración de la inteligencia artificial y el *machine learning* en los sistemas de CRM, lo que permite una mayor automatización y personalización.

Además, con la creciente importancia del análisis de datos, los CRM están integrando más herramientas de análisis y reporte para ayudar a las empresas a comprender mejor a sus clientes.

---

1. Salesforce

Salesforce es, posiblemente, la plataforma de CRM más reconocida a nivel mundial. Es ampliamente conocida por su versatilidad, potencia y capacidad de integración con otras herramientas. Sus características abarcan desde la gestión de ventas y atención al cliente hasta *marketing* y comercio electrónico.

Una empresa que opera globalmente podría usar Salesforce para coordinar sus equipos de ventas en diferentes regiones, garantizando que todos tengan acceso a la información en tiempo real.

Destacan dos características distintivas de Salesforce:

- **Ecosistema amplio**: A través de su tienda de aplicaciones, AppExchange, las empresas pueden personalizar y ampliar las capacidades de Salesforce.
- **Inteligencia artificial**: Con Einstein, Salesforce integra AI para ofrecer *insights* y automatizar tareas.

---

2. Zoho CRM

Aunque no tan ampliamente reconocido como Salesforce, Zoho CRM es una potente herramienta que ha ganado popularidad, especialmente entre las PYMES. Es parte de la suite de aplicaciones de negocios de Zoho, lo que significa que se integra perfectamente con otras herramientas como Zoho Mail, Projects y Desk.

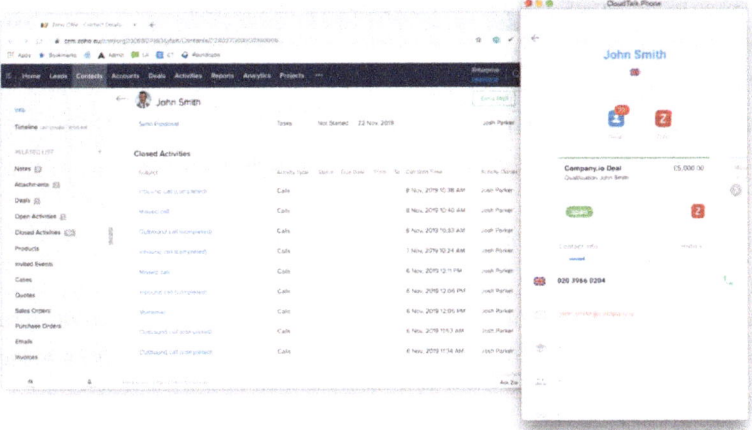

Fig. 19. Página principal de la herramienta Zoho CRM

Un negocio de *e-commerce* podría utilizar Zoho CRM para gestionar las interacciones con los clientes, mientras integra Zoho Desk para la gestión de *tickets* de soporte y atención al cliente.

En cuanto a las características, podemos mencionar las siguientes:

- **Automatización multicanal**: Permite la gestión de leads y contactos a través de varios canales, incluidos correos electrónicos, teléfonos y redes sociales.
- **Zoho Analytics**: Ofrece integración con herramientas de análisis para obtener informes detallados y visualizaciones.

C. Herramientas de *Email Marketing*

El *email marketing* es una técnica poderosa que, a pesar del auge de nuevas tecnologías y plataformas, sigue manteniendo su relevancia y eficacia. La capacidad de llegar a la bandeja de entrada de un cliente o prospecto es un privilegio que no debe subestimarse. En este contexto, las herramientas de *email marketing* ofrecen a las empresas una forma de maximizar este canal, permitiéndoles diseñar, segmentar, enviar y analizar campañas de email de manera eficiente y efectiva.

Se considera esencial al *email marketing* por diversos motivos:

- **Acceso directo**: El email proporciona un canal de comunicación directo con clientes y prospectos, lo que permite enviar mensajes específicos a segmentos específicos.

- **Costo-efectivo**: A diferencia de otros métodos de publicidad, el *email marketing* ofrece un excelente retorno de inversión, ya que los costos asociados son relativamente bajos en comparación con su alcance potencial.

- **Personalización**: Las herramientas modernas permiten la personalización de correos electrónicos según el comportamiento, las preferencias y la historia de compra de cada destinatario.

- **Medible**: Es fácil medir la efectividad de una campaña de *email marketing* mediante métricas como la tasa de apertura, la tasa de clics y la tasa de conversión.

Ahora bien, a la hora de considerar elegir una herramienta de *Email Marketing*, hay que tener en cuenta los siguientes aspectos:

- **Tamaño y tipo de negocio**: Algunas herramientas son más adecuadas para grandes empresas, mientras que otras son ideales para pequeños negocios o emprendedores individuales.

- **Funcionalidades requeridas**: Determinar si necesita funciones básicas o está buscando capacidades avanzadas como la automatización basada en el comportamiento o el marketing multicanal.

- **Integraciones**: Es esencial que la herramienta elegida se integre sin problemas con otras plataformas y herramientas utilizadas, como CRMs o plataformas de *e-commerce*.

- **Presupuesto**: Como siempre, el costo es un factor determinante. Es esencial considerar no solo el costo inicial, sino también el valor a largo plazo que la herramienta puede aportar.

A continuación, se exponen algunas de estas herramientas:

---

1. Mailchimp

Mailchimp es una de las plataformas de *email marketing* más populares y reconocidas en el mercado. Su interfaz intuitiva y las plantillas personalizables hacen que crear campañas sea una tarea sencilla, incluso para principiantes.

Los aspectos que caracterizan a Mailchimp son:

- **Automatización**: Permite crear flujos de trabajo automatizados, desde simples autorespondedores hasta complejas secuencias de correos basadas en el comportamiento del usuario.
- **Segmentación avanzada**: Puede segmentar su lista de correo basándose en múltiples criterios, desde datos demográficos hasta interacciones pasadas.
- **Analítica e informes**: Mailchimp ofrece informes detallados de cada campaña, lo que permite ajustar y mejorar las futuras campañas.

Una tienda online podría usar Mailchimp para enviar correos electrónicos a aquellos clientes que hayan abandonado sus carritos de compra, ofreciendo un descuento especial para incentivar la finalización de la compra.

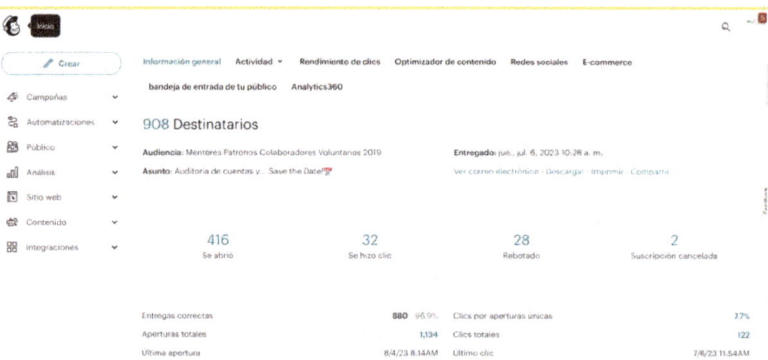

Fig. 20. Cover feed (pantalla principal) de Mailchimp

2. SendinBlue

SendinBlue es una plataforma versátil que no solo ofrece *email marketing*, sino también SMS *marketing* y herramientas de automatización.

Se caracteriza por los siguientes elementos:

- **Marketing multicanal**: Además del email, SendinBlue permite campañas de SMS, lo que puede ser especialmente útil para comunicaciones urgentes o confirmaciones.
- **Flujos de trabajo automatizados**: Al igual que Mailchimp, SendinBlue ofrece herramientas de automatización, pero con la ventaja añadida de integrar el SMS en estos flujos de trabajo.
- **Diseñador de campañas**: Con una interfaz de arrastrar y soltar, crear campañas llamativas es un proceso sencillo.

Un restaurante podría usar SendinBlue para enviar un correo electrónico promocional con ofertas especiales, y luego, un SMS como recordatorio para aquellos que abrieron el *email* pero no hicieron una reserva.

3. Otras herramientas

Además de las herramientas de *email marketing* mencionadas, vamos a mostrar otras que, si bien no son tan conocidas como las anteriores, también se consideran útiles por las facilidades que ofrecen:

- **ActiveCampaign**: Conocido por su poderosa automatización y CRM integrado.
- **Constant Contact**: Una herramienta fácil de usar, ideal para pequeñas empresas y principiantes en *email marketing*.
- **GetResponse**: No solo proporciona *email marketing*, sino también soluciones de embudo de ventas y *webinars*.
- **Drip**: Especializado en *ecommerce*, permite enviar correos electrónicos basados en el comportamiento de compra.

D. Herramientas de Optimización de Conversión (CRO)

El universo del *marketing* digital es amplio y está en constante evolución. A medida que las empresas trabajan arduamente para atraer tráfico a sus sitios *web*, el verdadero desafío recae en convertir ese tráfico en clientes leales. Aquí es donde entra en juego la Optimización de Conversión, también conocida como CRO (por sus siglas en inglés, "*Conversion Rate Optimization*").

La herramienta CRO no solo trata de conseguir que más usuarios realicen una acción deseada (como comprar un producto o suscribirse a una *newsletter*), sino que ofrece una mejor experiencia al usuario y permite entender sus necesidades y comportamientos. El objetivo final es aumentar el porcentaje de visitantes que se convierten en clientes.

Algunas de estas herramientas son:

---

1. Optimizely

Optimizely se ha posicionado como una de las herramientas líderes en pruebas A/B y optimización multivariable. Estas son sus características:

- **Pruebas A/B**: Permite a las empresas comparar dos versiones de una página para determinar cuál es más efectiva en términos de conversión.
- **Pruebas multivariables**: En lugar de probar solo dos versiones de una página, esta función permite probar múltiples combinaciones de elementos para determinar la combinación más efectiva.
- **Segmentación de audiencia**: Se puede segmentar las pruebas para diferentes audiencias basándose en comportamiento, geolocalización y otros factores.
- ***Dashboard* analítico**: Proporciona datos y métricas en tiempo real, permitiendo a las empresas tomar decisiones basadas en resultados cuantificables.

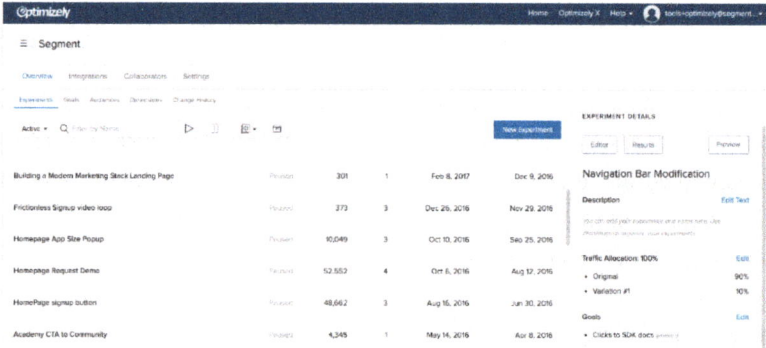

Fig. 21. Ejemplo de informes en Optimizely

Ejemplo

Una tienda online podría usar Optimizely para testear dos versiones de su página de *checkout*, buscando descubrir cuál ofrece un proceso de compra más fluido, lo que da como resultado menos carritos abandonados.

2. Unbounce

Unbounce es líder en la creación y optimización de *landing pages*, facilitando a las empresas el diseño de las páginas que buscan generar conversiones.

Su importancia radica en los siguientes aspectos:

- **Editor de arrastrar y soltar**: Las empresas pueden diseñar *landing pages* sin necesidad de conocimientos de codificación.
- **Plantillas personalizables**: Unbounce ofrece una variedad de plantillas optimizadas para conversión, que pueden ser personalizadas según la marca y las necesidades.
- **Pruebas A/B integradas**: Permite testear diferentes versiones de una *landing page* directamente desde la plataforma.
- **Integraciones**: Se integra con herramientas de *email marketing*, CRM y otras plataformas esenciales para un flujo de trabajo de *marketing* fluido.

Ejemplo

Un negocio de consultoría podría utilizar Unbounce para crear una *landing page* específica para un *webinar* gratuito, testear diferentes llamados a la acción y optimizar la página para maximizar las inscripciones.

E. Herramientas de gestión de proyectos y colaboración

En el mundo digital y globalizado de hoy, donde los equipos a menudo están dispersos geográficamente, las herramientas de gestión de proyectos y colaboración han pasado a ser esenciales. Estas herramientas no solo permiten mantener a los equipos alineados, sino que también maximizan la productividad, la eficiencia y aseguran que todos estén en la misma página en cuanto a objetivos y plazos.

Antes del surgimiento de estas herramientas, muchos equipos dependían del correo electrónico y de reuniones presenciales como principales medios de comunicación. Estas formas tradicionales resultaban ser lentas y, a menudo, no eran lo suficientemente ágiles para el ritmo acelerado del mundo digital. Las herramientas modernas de gestión y colaboración han venido a resolver estos desafíos, proporcionando plataformas más dinámicas y centradas en la productividad.

A la hora de elegir una herramienta de gestión y colaboración, hay que tener en cuenta una serie de consideraciones:

- **Tamaño y naturaleza del equipo**: Algunas herramientas son más adecuadas para equipos pequeños y ágiles, mientras que otras están diseñadas para organizaciones más grandes.
- **Integración con otras herramientas**: La capacidad de una plataforma para integrarse con otras herramientas utilizadas por el equipo es decisiva para un flujo de trabajo eficiente.
- **Presupuesto**: Mientras que muchas herramientas ofrecen versiones gratuitas con funcionalidades limitadas, las versiones premium a menudo proporcionan características más avanzadas.
- **Necesidades específicas del proyecto**: Algunas herramientas pueden ser más adecuadas para ciertos tipos de proyectos o industrias.

A continuación, se muestran algunas de estas herramientas:

1. Trello

Basado en el principio japonés de Kanban, Trello proporciona una interfaz visual y dinámica que ha revolucionado la forma en que individuos y equipos manejan sus tareas y colaboran. Antes de sumergirnos en las características y usos de Trello, es fundamental entender el sistema Kanban. Originado en Japón y utilizado inicialmente por Toyota en sus líneas de producción, Kanban es una metodología que busca mejorar la eficiencia y productividad. Traducido literalmente, Kanban significa "tarjeta visual" o "tablero", y es precisamente este enfoque visual lo que Trello ha adoptado y digitalizado.

Veamos los aspectos clave de Trello para entender cómo funciona:

- **Tableros**: Todo proyecto en Trello comienza con un tablero. Puede considerarse como un espacio de trabajo digital para un proyecto específico o un equipo concreto.

- **Listas**: Dentro de cada tablero, se crean listas verticales que representan etapas, categorías o procesos en el flujo de trabajo. Por ejemplo, un equipo de redacción podría tener listas como "Ideas", "En desarrollo", "Revisión" y "Publicado".

- **Tarjetas**: Las tarjetas son las unidades individuales de trabajo y se mueven entre listas para representar su progresión en el flujo de trabajo. Una tarjeta puede contener detalles del trabajo, como descripciones, miembros asignados, fechas de vencimiento, etiquetas, adjuntos y comentarios.

En cuanto a sus características destacadas, se encuentran:

- **Colaboración en tiempo real**: Varios miembros pueden trabajar en un mismo tablero, y las actualizaciones ocurren en tiempo real. Esto facilita la colaboración y asegura que todos estén al tanto de los cambios y progresos.

- **Personalización**: Trello permite agregar fondos, etiquetas de colores, y emojis a las tarjetas, lo que lo hace adaptable a las necesidades y estéticas específicas de cada equipo.

- **Integraciones y *Power-Ups***: Trello no opera en un vacío. Se integra con numerosas otras herramientas y aplicaciones, desde Google Drive y Slack hasta aplicaciones más nicho. Estas integraciones, denominadas Power-Ups, expanden las capacidades de Trello, permitiendo una mayor automatización y funcionalidad.

- **Movilidad**: Con aplicaciones para iOS y Android, Trello asegura que los equipos puedan acceder a sus tableros y tarjetas desde cualquier lugar, en cualquier momento.

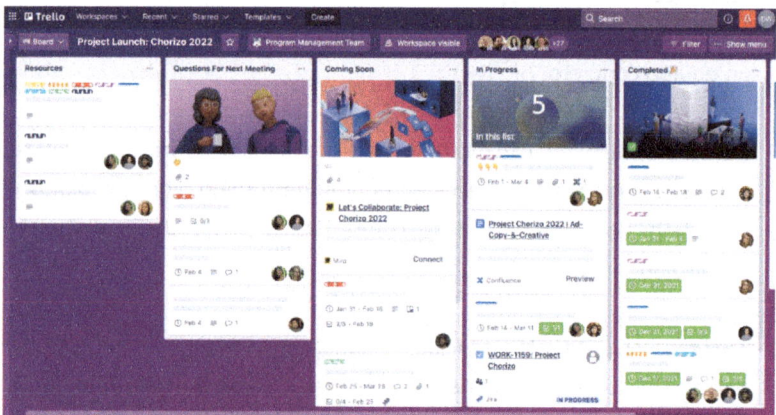

Fig. 22. Trello nos ayuda a planificar proyectos

2. Slack

Slack ha emergido como una verdadera revolución en la forma en que los equipos se comunican y colaboran. Va más allá de ser una simple herramienta de mensajería; es un ecosistema integral diseñado para optimizar el trabajo en equipo.

Las principales características de Slack son las siguientes:

- **Canales organizados**: A diferencia de otras plataformas, Slack permite a los usuarios crear "canales" dedicados a temas o proyectos específicos. Esto significa que, en lugar de perderse en un mar de correos electrónicos o chats grupales desordenados, las conversaciones se mantienen organizadas y centradas.

- **Integraciones y aplicaciones**: Slack se integra perfectamente con una multitud de otras herramientas y servicios, desde Google Drive y Trello hasta aplicaciones de CRM y herramientas de desarrollo. Estas integraciones convierten a Slack en un centro de operaciones, donde los equipos pueden no solo comunicarse, sino también acceder y trabajar con las herramientas que usan diariamente.

- **Búsqueda avanzada**: El motor de búsqueda de Slack es potente. Permite a los usuarios localizar rápidamente información anterior, archivos compartidos o conversaciones específicas, lo que optimiza el flujo de trabajo y reduce el tiempo perdido buscando datos esenciales.

- **Compartir archivos y documentos**: Slack permite a los usuarios compartir todo tipo de archivos y documentos. Además, gracias a sus integraciones, es posible colaborar en documentos en tiempo real sin salir de la plataforma.

- **Videoconferencias y llamadas**: Aunque es conocido principalmente como una herramienta de mensajería, Slack también ofrece funcionalidades de llamadas y videoconferencias, lo que permite a los equipos tener reuniones virtuales sin necesidad de utilizar herramientas adicionales.

- ***Bots* y automatizaciones**: Slack permite la creación e integración de *bots*, que pueden automatizar tareas repetitivas, enviar recordatorios o incluso proporcionar análisis y métricas.

Vocabulario

Un **bot**, término que proviene de acortar la palabra "robot", es un programa que realiza tareas repetitivas, predefinidas y automatizadas. Los *bots* están diseñados para imitar o sustituir el accionar humano. Operan en forma automatizada, por lo que pueden trabajar mucho más rápido que una persona.

- **Espacios de trabajo personalizados**: Cada equipo puede personalizar Slack según sus necesidades, eligiendo temas, configurando notificaciones e incluso usando emojis personalizados para hacer que la plataforma se sienta única.

- **Seguridad**: Con características como la autenticación de dos factores y políticas de retención de datos, las empresas pueden estar seguras de que su información está protegida. Además, es compatible con dispositivos móviles, permitiendo a los equipos permanecer conectados sin importar dónde se encuentren.

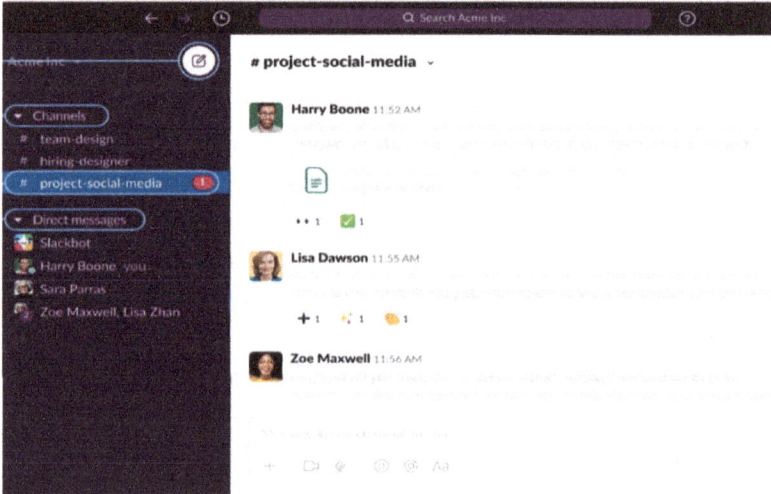

Fig. 23. Elementos de la herramienta Slack

F. Herramientas de *chat* y soporte

Fig. 24. La formación adecuada de los agentes, la integración con otros sistemas y la garantía de una respuesta coherente en todos los canales son aspectos decisivos a considerar

Las empresas modernas reconocen que una excelente atención al cliente puede ser el diferenciador clave entre ellos y la competencia.

Antes de entrar en detalles sobre las herramientas, es vital entender por qué el soporte instantáneo ha ganado tanta tracción. La digitalización ha aumentado las expectativas de los clientes. Desean respuestas ahora, no mañana. Estas expectativas elevadas, junto con la proliferación de tecnología, han dado lugar a soluciones que ofrecen soporte en tiempo real.

Proporcionar soporte instantáneo no solo resuelve problemas en tiempo real, sino que también contribuye significativamente a la construcción de la lealtad del cliente. Un cliente que recibe una respuesta rápida y eficiente es más probable que confíe en la marca y continúe haciendo negocios con ella en el futuro.

Si bien estas herramientas ofrecen soluciones impresionantes, las empresas deben abordar ciertos desafíos.

A continuación, se exponen las dos herramientas más utilizadas de chat y soporte:

1. Intercom

Intercom ha transformado la comunicación empresarial, ofreciendo soluciones que van más allá de una simple herramienta de chat. La plataforma se destaca al proporcionar comunicaciones personalizadas, *bots* inteligentes, integraciones robustas y recursos educativos, asegurando que las empresas no solo satisfagan, sino que superen las expectativas de sus clientes.

Las principales características de Intercom son:

- **Segmentación avanzada**: Más allá de la simple demografía, Intercom permite a las empresas segmentar a sus usuarios en función de su comportamiento en el sitio *web*, su historial de compras, su ubicación geográfica, y mucho más.

- **Mensajes oportunos**: La plataforma garantiza que los mensajes se envíen cuando más importan. Por ejemplo, si un usuario ha pasado un tiempo considerable mirando un producto específico, Intercom puede activar automáticamente un mensaje relacionado con ese producto, ofreciendo un descuento o destacando características clave.

- **Respuestas contextuales**: En lugar de respuestas genéricas, los *bots* de Intercom pueden proporcionar soluciones basadas en el historial y el comportamiento previo del usuario.

- **Asistencia a agentes humanos**: Los *bots* no están destinados a reemplazar a los humanos, sino a complementarlos.

- **Ayudan a filtrar**: consultas y, en caso de preguntas complejas, pasan el ticket al agente humano más adecuado.

- **Unificación de operaciones**: Ya sea CRM, *marketing*, ventas o soporte, Intercom puede integrarse sin problemas con diversas herramientas, ofreciendo una vista unificada de las operaciones y los datos del cliente.

- **Flujos de trabajo simplificados**: Con estas integraciones, las empresas pueden automatizar varios procesos, asegurando que la información fluya sin problemas entre departamentos y plataformas.

2. Zendesk

Zendesk, como solución líder en el espacio de atención al cliente, ha demostrado ser más que una simple herramienta. Es una suite completa diseñada para llevar la experiencia del cliente al siguiente nivel. Hoy en día, los clientes interactúan con las marcas a través de múltiples plataformas. Zendesk comprende esta realidad multicapa:

- **Presencia omnicanal**: Ya sea a través de chat en vivo, correo electrónico, teléfono o redes sociales, Zendesk garantiza que las empresas estén presentes en todos los canales relevantes. Esto no solo mejora la accesibilidad, sino que también asegura una experiencia coherente en todos los puntos de contacto.

- **Transición sin problemas**: Un cliente puede comenzar una consulta en las redes sociales y luego cambiar al correo electrónico o al teléfono. Zendesk se asegura de que esta transición sea fluida, conservando todo el contexto y la historia de la conversación.

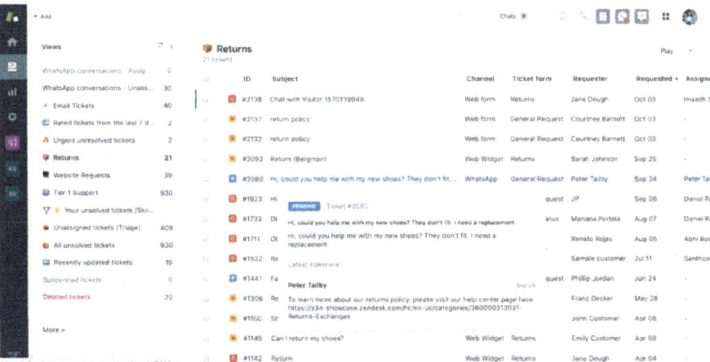

Fig. 25. Cover Feed de Zendesk

La autoayuda es una tendencia creciente en la atención al cliente. Los usuarios prefieren resolver problemas por sí mismos si es posible:

- **Documentación detallada**: Con Zendesk, las empresas pueden construir una base de conocimientos exhaustiva y fácil de navegar, repleta de artículos, tutoriales y soluciones a problemas comunes.

- **Interfaz amigable**: La base de conocimientos de Zendesk está diseñada pensando en el usuario. Es intuitiva y se adapta perfectamente a dispositivos móviles, lo que garantiza que los clientes encuentren lo que necesitan con facilidad.

La atención al cliente no es un conjunto estático. Evoluciona y, con Zendesk, las empresas tienen los datos necesarios para mantenerse a la vanguardia:

- **Paneles personalizables**: proporciona *dashboards* detallados que permiten a las empresas medir KPIs clave, desde tiempos de respuesta hasta la satisfacción del cliente.

- ***Insights* accionables**: Más allá de los números, desglosa los datos para proporcionar *insights* accionables. Esto permite a las empresas identificar áreas problemáticas, capacitar mejor a su personal y adaptar su estrategia de soporte.

Gestionar un volumen significativo de *tickets* y consultas puede ser un desafío. Zendesk transforma este desafío en una oportunidad mediante los dos siguientes elementos:

- **Reglas y *triggers***: Las empresas pueden establecer reglas específicas que determinen cómo se maneja un *ticket* en función de su contenido, origen, urgencia y otros criterios. Esto garantiza una asignación rápida y adecuada.

- **Inteligencia artificial**: Zendesk incorpora capacidades de IA que ayudan a predecir las necesidades del cliente, automatizar respuestas y dirigir las consultas al agente más capacitado.

Ejemplo

Una tienda online podría usar Salesforce para rastrear las interacciones de los clientes, Mailchimp para enviar boletines informativos y ofertas personalizadas, y Hotjar para entender cómo los usuarios navegan por su sitio *web*.

Una agencia de *marketing* podría usar Trello para gestionar las tareas del proyecto, Slack para la comunicación interna, y Optimizely para A/B testear diferentes estrategias para sus clientes.

Un restaurante que busca expandir su presencia online podría usar Intercom para responder instantáneamente a las reservas o preguntas de los clientes, y Google Analytics para comprender cómo los usuarios encuentran su sitio *web*.

3. Investigación comercial y de mercados

La investigación comercial y de mercados es un aspecto esencial en el desarrollo de cualquier negocio o marca. Es el proceso mediante el cual las organizaciones recopilan, analizan e interpretan datos sobre su industria, competidores, y, sobre todo, sobre sus consumidores actuales y potenciales. Es esta comprensión profunda del mercado lo que permite a las empresas tomar decisiones informadas y crear estrategias eficaces.

Es una actividad esencial porque, al basarse en datos reales y tangibles, las empresas pueden reducir la incertidumbre y los riesgos asociados con las decisiones empresariales. Además, comprender las necesidades, deseos, hábitos y preferencias del cliente permite a las empresas crear productos, servicios y campañas de *marketing* más efectivas.

En cuanto a las herramientas y técnicas principales de investigación comercial y de mercados, destacan:

- **Encuestas**: Es una de las herramientas más comunes. Pueden ser en línea, telefónicas o presenciales.

Una marca de ropa que desea lanzar una nueva línea podría usar encuestas en línea para evaluar las preferencias de diseño y color de su público objetivo.

- **Grupos de enfoque**: Consiste en discusiones guiadas con un pequeño grupo de personas para obtener opiniones detalladas sobre un producto, servicio o concepto.

Antes del lanzamiento de un nuevo producto tecnológico, una empresa podría organizar grupos de enfoque para comprender cómo los consumidores interactúan con el dispositivo y cuáles son sus primeras impresiones.

- **Observación directa**: Observar cómo los consumidores interactúan con productos en un entorno natural o controlado.

Fig. 26. Un comercio podría observar cómo los clientes navegan por sus pasillos y qué productos toman primero, lo que podría informar la disposición de los productos en la tienda

- **Análisis de datos**: Usar herramientas analíticas para evaluar grandes conjuntos de datos, como comportamiento en línea, tendencias de compra, etc.

Una tienda en línea podría usar Google Analytics para ver qué productos son los más vistos y cuáles tienen las tasas de conversión más altas.

- **Entrevistas en profundidad**: Son conversaciones uno a uno con clientes o expertos en la industria para obtener *insights* detallados.

Una empresa de software podría entrevistar a usuarios avanzados para comprender mejor cómo están utilizando el software y qué características encuentran más valiosas.

- **Estudios de caso**: Análisis detallado de situaciones o conceptos específicos, que pueden proporcionar *insights* sobre aspectos particulares del mercado o del comportamiento del consumidor.

Una empresa podría estudiar un caso específico donde un producto tuvo un éxito inesperado en un mercado en particular para comprender qué factores contribuyeron a ese éxito.

- ***Benchmarking***: Comparar los productos, servicios y procesos de trabajo de una empresa con los de las principales empresas de la industria.

Ejemplo

Una *start-up* de tecnología podría analizar cómo su producto se compara en términos de características y rendimiento con los productos líderes en el mercado.

Se mencionan, a continuación, tres tendencias emergentes que se consideran clave en el estudio de mercado:

- **Big Data**: Con la creciente disponibilidad de datos, las empresas ahora tienen acceso a enormes cantidades de información. Al analizar estos datos, pueden descubrir patrones y tendencias que no eran evidentes con métodos de investigación más tradicionales.

- **Inteligencia artificial (IA)**: Las herramientas de IA pueden analizar rápidamente grandes conjuntos de datos, proporcionando *insights* y predicciones con una precisión que no era posible anteriormente.

- **Investigación móvil**: Con la prevalencia de *smartphones* y *tablets*, las empresas están llevando a cabo investigaciones directamente en dispositivos móviles, permitiendo una recopilación de datos en tiempo real.

4. Introducción al *Neuromarketing*

El *neuromarketing* es una disciplina fascinante y relativamente nueva que combina las técnicas de la neurociencia con las del *marketing*. Su principal objetivo es comprender cómo los consumidores toman decisiones y cómo pueden ser influenciados por la publicidad y otras formas de comunicación de *marketing*.

Fig. 27. El neuromarketing se adentra en la mente del consumidor para descubrir qué hace "clic" y por qué

El **neuromarketing** se define como la aplicación de las técnicas de la neurociencia en el *marketing*. Estas técnicas permiten a los investigadores observar y medir la actividad cerebral y las respuestas fisiológicas de los consumidores ante estímulos de *marketing*, como anuncios, productos o experiencias.

En la superficie, las decisiones de compra pueden parecer simples o basadas en la lógica. Sin embargo, la mayoría de las decisiones de consumo están profundamente arraigadas en procesos emocionales y subconscientes. El *neuromarketing* ayuda a:

- **Entender las decisiones inconscientes**: A menudo, los consumidores no pueden explicar exactamente por qué prefieren un producto o marca sobre otro. El *neuromarketing* busca esas respuestas en el cerebro.
- **Mejorar la publicidad**: Al conocer qué tipo de contenido evoca respuestas emocionales positivas, las empresas pueden crear anuncios más efectivos.
- **Optimizar el diseño de productos y embalajes**: La forma, el color y hasta el tacto de un producto o su embalaje pueden influir en la decisión de compra.

4.1. Conceptos básicos

Algunas de las técnicas más empleadas en el *neuromarketing* son las siguientes:

A. Plataformas de *eye tracking*

Estas herramientas registran el movimiento ocular de los consumidores mientras observan un estímulo, como un anuncio, un sitio *web* o un estante de productos.

Fig. 28. Ejemplo de uso de la técnica Eye Tracking

Tobii es una de las marcas líderes en la tecnología de seguimiento ocular. Los minoristas pueden usar dispositivos Tobii para ver qué productos atraen más la atención de un cliente en una tienda física.

B. Software de análisis facial

Estas soluciones utilizan cámaras y algoritmos avanzados para detectar emociones basadas en *microexpresiones* faciales.

Affectiva es una herramienta que analiza las expresiones faciales para medir la reacción emocional a un estímulo, proporcionando datos valiosos sobre cómo un anuncio o producto hace sentir al público.

C. *Wearables* de medición biológica

Estos dispositivos pueden medir el ritmo cardíaco, la conductancia de la piel (relacionada con el sudor) y otros indicadores fisiológicos que reflejan la excitación emocional.

Empatica Embrace es un reloj que mide la actividad eléctrica de la piel, indicando niveles de estrés o excitación en respuesta a estímulos.

D. *Wearables* de medición biológica

Aunque el EEG en sí es una herramienta médica, existen versiones adaptadas específicamente para el *neuromarketing*. Estas plataformas miden la actividad eléctrica del cerebro para determinar niveles de interés, atención y emociones.

NeuroSky es una empresa que ofrece soluciones EEG para el mercado de consumo y para investigaciones de *marketing*, permitiendo a las empresas obtener *insights* directamente desde la actividad cerebral de sus consumidores.

E. *Heatmaps (mapas de calor)*

En el contexto del *neuromarketing*, los mapas de calor son visualizaciones que muestran dónde se concentró más la atención de los participantes. Estos suelen derivarse de datos de *eye tracking*.

Un minorista online podría usar un mapa de calor en su sitio *web* para ver qué áreas atraen más la atención y cuáles son ignoradas, optimizando el diseño y la colocación de productos en función de estos datos.

E. *Softwares* de neurométricos

Estas plataformas combinan múltiples conjuntos de datos, como EEG, respuesta galvánica de la piel y seguimiento ocular, para proporcionar una visión integral de la reacción del consumidor.

Empatica Embrace es un reloj que mide la actividad eléctrica de la piel, indicando niveles de estrés o excitación en respuesta a estímulos.

G. Pruebas de asociación implícita (IAT)

Es una técnica que mide las asociaciones automáticas entre palabras e imágenes. Puede revelar actitudes y creencias subconscientes hacia marcas o productos.

Una empresa que lanza un nuevo producto podría usar IAT para entender las asociaciones subconscientes que los consumidores tienen con su producto en comparación con productos competidores.

A continuación, se exponen, algunos ejemplos prácticos de situaciones donde se aplica el *neuromarketing* de forma más habitual:

Fig. 29. El embalaje sensorial utiliza diferentes elementos que tratan de estimular los sentidos

- **Colores y compra**: Se descubrió que ciertos colores evocan emociones específicas en los consumidores. Por ejemplo, el rojo puede crear un sentido de urgencia, lo que podría explicar por qué a menudo se utiliza en ventas y descuentos.

- **Posicionamiento de productos en estanterías**: Estudios de seguimiento ocular han demostrado que los productos colocados a la altura de los ojos tienden a captar más la atención de los consumidores.

- **Música en tiendas**: La elección de música en un entorno comercial puede influir en el tiempo que los consumidores pasan en la tienda y en sus decisiones de compra. Por ejemplo, la música lenta puede hacer que las personas se tomen su tiempo, mientras que la música alegre puede evocar emociones positivas.

- **Embalaje sensorial**: Los estudios han mostrado que la textura, el sonido y el olor del embalaje pueden influir en la percepción del producto. Un paquete con una textura agradable o un sonido satisfactorio al abrirlo puede mejorar la experiencia general del producto.

5. Venta a través de Social Media Marketing

La venta a través de *Social Media Marketing* representa una de las estrategias comerciales más dinámicas y en rápida evolución en el entorno digital contemporáneo. Este enfoque integra múltiples aspectos del *marketing* y la comunicación para construir y fortalecer las relaciones con los consumidores, mejorar el reconocimiento de la marca y, en última instancia, impulsar las ventas. Al aprovechar la capacidad de las redes sociales para conectar con una audiencia global, las empresas tienen la oportunidad de adaptar sus mensajes de manera más precisa, interactuar en tiempo real con los consumidores y ampliar su alcance de mercado de una manera más orgánica.

A continuación, se va a analizar, desde los fundamentos de diseño de *marketing web*, una piedra angular para cualquier estrategia exitosa de *Social Media Marketing*, hasta técnicas avanzadas y métodos de análisis. Dentro del diseño de *marketing web*, se explorarán elementos clave que influencian la efectividad de la estrategia en las redes sociales. Las técnicas de *marketing* a discutir incluirán, entre otros, la segmentación de audiencia, el uso de contenido auténtico, las colaboraciones con *influencers* y las métricas importantes para el análisis y la adaptación de estrategias. Cada uno de estos componentes aporta una dimensión única a la eficacia general del *Social Media Marketing*, y su comprensión y aplicación adecuadas son fundamentales para el éxito comercial en la era digital.

5.1. Diseño *Marketing Web*

En la era digital, el diseño de *marketing web* no se refiere únicamente a cómo se ve un sitio *web* o una publicación en redes sociales, sino a cómo funciona, cómo se siente y, lo más importante, cómo se convierte en una herramienta de ventas efectiva. Cada elemento, desde el color hasta la colocación del botón de llamado a la acción, juega un papel decisivo en la conversión de un visitante en un cliente.

A continuación, se detallan los elementos clave del diseño de *marketing web*:

A. Diseño Responsivo

Es esencial que un sitio *web* se vea y funcione perfectamente en todos los dispositivos, desde computadoras de escritorio hasta smartphones.

Un usuario que observa un anuncio de un producto en Instagram, al hacer clic en el anuncio, es llevado a un sitio *web*. Si este sitio *web* no se carga correctamente en su dispositivo móvil, es probable que el usuario abandone la página, perdiendo una venta potencial.

B. Llamadas a la acción (*Call To Action*, CTAs) claros y visibles

Los CTAs guían a los usuarios hacia el objetivo deseado, ya sea una compra, una suscripción o cualquier otra acción.

Fig. 30. Un botón que diga "Comprar ahora" en un color contrastante puede captar la atención del usuario y animarlo a realizar una compra

C. Diseño centrado en el usuario

La experiencia del usuario (UX) debe ser fluida y sin fricciones. El diseño debe centrarse en la facilidad de navegación y en la comprensión intuitiva del sitio.

Un menú de navegación claro y una barra de búsqueda funcional pueden ayudar a los usuarios a encontrar rápidamente lo que buscan.

D. Integración de redes sociales

Las redes sociales son muy importantes para la visibilidad y el *engagement*. Integrar opciones de compartir y seguir en el sitio *web* puede amplificar el alcance.

Botones de "compartir" al lado de un producto popular pueden llevar a un mayor reconocimiento de marca cuando los usuarios comparten ese producto en sus redes personales.

E. Contenido visual atractivo

Las imágenes, videos y gráficos son determinantes en la era digital, especialmente en redes sociales. El contenido visual debe ser de alta calidad y relevante para la marca y el mensaje.

Un tutorial en video sobre cómo usar un producto puede ser compartido en el sitio *web* y en canales de redes sociales, ofreciendo valor y fomentando el *engagement*.

F. Optimización para la conversión

No es suficiente atraer visitantes; también es fundamental convertir esos visitantes en clientes. El diseño debe facilitar este proceso.

Testimonios de clientes, reseñas y sellos de garantía pueden aumentar la confianza del usuario y animarlo a comprar.

El diseño de *marketing web* y el *marketing* en redes sociales están intrínsecamente ligados. Un diseño *web* efectivo puede amplificar el impacto de las estrategias de *marketing* en redes sociales y viceversa. En el diseño se debe tener en cuenta:

- **Consistencia de la marca**: La marca debe ser coherente en todas las plataformas. Si un usuario ve un anuncio en Facebook y luego visita el sitio *web*, debe sentir que está en el mismo "lugar" en términos de diseño, tono y mensaje.

- *Data-Driven Design*: Las redes sociales ofrecen una gran cantidad de datos sobre el comportamiento y las preferencias de los usuarios. Esta información puede (y debe) utilizarse para informar y mejorar el diseño *web*.

- *Engagement* **Multiplataforma**: Un diseño *web* efectivo puede alentar a los usuarios a seguir a la marca en redes sociales, mientras que un contenido atractivo en redes sociales puede dirigir el tráfico de vuelta al sitio *web*.

5.2. Técnicas de *Marketing*

El *Social Media Marketing* (*SMM*) ha revolucionado la forma en que las marcas interactúan con su público. Las plataformas de redes sociales ofrecen una forma única de llegar a audiencias específicas y crear comunidades en torno a una marca o producto.

Se explora, a continuación, algunas técnicas esenciales de *marketing* en *social media* que las marcas pueden implementar para potenciar su presencia en línea:

A. Segmentación de audiencia

La segmentación de audiencia es una de las herramientas más poderosas que tienen los profesionales del *marketing* digital a su disposición, especialmente en el ámbito de las redes sociales. Esta técnica permite dividir y categorizar a una audiencia amplia en grupos más pequeños y específicos para dirigir mensajes y campañas de manera más eficiente.

En el contexto del *Social Media Marketing*, segmentar es el proceso de dividir una gran audiencia o mercado en subgrupos basados en características o comportamientos compartidos. La segmentación permite a las empresas personalizar su mensaje para resonar mejor con diferentes subgrupos. Esta

Fig. 31. El objetivo de la segmentación es identificar a grupos de personas con necesidades, preferencias o características similares

personalización aumenta la relevancia del mensaje para el público objetivo, lo que puede llevar a tasas de conversión más altas y una mejor relación costo-beneficio en campañas publicitarias.

Plataformas como Facebook, Instagram y LinkedIn ofrecen herramientas avanzadas para la segmentación de audiencia. Estas herramientas permiten a los anunciantes definir su público objetivo con gran precisión. La segmentación puede ser:

- **Demográfica**: podemos segmentar según edad, género, educación, cargo laboral, estado civil, etc.

- **Geográfica**: Esto se refiere a la segmentación según la ubicación, que puede ir desde regiones específicas hasta ciudades o incluso barrios.

- **Psicográfica**: Basada en intereses, hobbies, estilo de vida y valores. Por ejemplo, podrías dirigirte a personas interesadas en viajes, tecnología, moda, etc.

- **Comportamiento**: Segmentación según acciones específicas que los usuarios hayan tomado, como haber visitado una página *web* específica, haber realizado una compra o haber interactuado con una publicación anterior.

Imagina que tienes una tienda online que vende accesorios de yoga. Más allá del ejemplo original donde segmentas a mujeres de entre 20 y 40 años con interés en el yoga, podrías profundizar aún más. Podrías segmentar a mujeres en esa misma franja de edad que han visitado páginas de retiros de yoga en los últimos seis meses, o que han comprado ropa deportiva online. Esto permite que nuestra publicidad sea aún más específica y relevante para esa audiencia, aumentando las oportunidades de conversión.

B. Contenido valioso y auténtico

El contenido sigue siendo lo más relevante, pero no cualquier tipo de contenido. Lo que realmente destaca y crea un impacto duradero es el contenido valioso y auténtico.

El valor del contenido se refiere a cuánto beneficia, informa, educa o entretiene a la audiencia. No se trata de simplemente publicar por el bien de mantener una presencia activa; se trata de publicar algo que realmente importe para nuestro público.

En cuanto a los tipos de valor, cabe mencionar:

- **Educativo**: Información que enseña algo nuevo o mejora el conocimiento existente.
- **Entretenido**: Contenido que entretiene, divierte o proporciona un descanso agradable de la rutina diaria.
- **Inspirador**: Historias o mensajes que motivan, inspiran o conmueven emocionalmente a la audiencia.
- **Resolutivo**: Soluciones a problemas comunes o respuestas a preguntas frecuentes que la audiencia pueda tener.

Importante

Que el contenido deba ser auténtico es crucial porque, en una era donde las noticias falsas y la desinformación son preocupaciones reales, la autenticidad ha surgido como un factor esencial para ganar la confianza de la audiencia. Ser auténtico significa ser transparente, honesto y real.

Las características del contenido auténtico son las siguientes:

- **Transparencia**: Mostrar el "detrás de escena" de la marca, admitir errores y ser claro sobre las intenciones y valores de la empresa.

- **Consistencia**: Mantener un tono y estilo consistentes en todas las publicaciones y plataformas, reforzando la identidad de marca.

- **Humanidad**: Mostrar el lado humano de la empresa, ya sea a través de historias de empleados, interactuando genuinamente con seguidores o mostrando cómo la empresa hace un impacto positivo en la comunidad.

Ejemplo

Una marca de alimentos saludables podría seguir las siguientes estrategias en relación al contenido:

- **Recetas**: Esta marca podría organizar series semanales de recetas en las que muestren cómo usar sus productos en diferentes preparaciones. Estos pueden ser presentados en formatos de video, infografías o *blogs* detallados. Para añadir un toque de autenticidad, podrían usar ingredientes locales o hablar sobre la fuente de sus ingredientes.

- **Consejos sobre nutrición**: Más allá de simplemente vender, la marca podría educar a su audiencia sobre los beneficios de los ingredientes que utilizan, desmitificando mitos comunes sobre la salud y ofreciendo consejos prácticos.

- **Testimonios**: Compartir historias reales de clientes satisfechos es una excelente manera de mostrar autenticidad. Sin embargo, es vital que estos testimonios no estén guionizados o alterados. Mostrar las historias reales y crudas de las personas, con altibajos, humaniza la marca y la hace más relacionable.

C. Uso de publicidad pagada

La publicidad pagada ha emergido como una herramienta esencial para las marcas que buscan sobresalir en un mar saturado de contenido. Aunque el contenido orgánico sigue siendo vital, las ventajas de la publicidad pagada son innegables, especialmente en plataformas donde el alcance orgánico ha disminuido.

La publicidad pagada en redes sociales se refiere a cualquier tipo de contenido promocionado o anuncio para el que se ha pagado directamente a la plataforma de medios sociales. Estos pueden variar desde simples promociones de publicaciones hasta campañas publicitarias complejas con segmentaciones específicas.

En cuanto a las principales ventajas de la publicidad pagada, destacan:

- **Alcance ampliado**: A medida que las redes sociales han evolucionado, el alcance orgánico ha disminuido en muchas plataformas, especialmente en Facebook. La publicidad pagada garantiza que el contenido llegue a un número significativo de personas.

- **Segmentación detallada**: Las opciones de segmentación en plataformas de medios sociales son increíblemente detalladas. Esto significa que se puede dirigir el contenido no solo basado en datos demográficos básicos, sino también en intereses, comportamientos y más.

- **Flexibilidad de presupuesto**: Las campañas publicitarias en redes sociales pueden adaptarse a una variedad de presupuestos. Se puede gastar tanto o tan poco como se desee, y, a menudo, se puede establecer un límite diario o total para el gasto.

- **Formatos versátiles**: Desde videos hasta carruseles, pasando por historias y encuestas, la publicidad pagada ofrece una variedad de formatos que se adaptan a diferentes objetivos y audiencias.

- **Medición y análisis**: Las plataformas de medios sociales ofrecen herramientas analíticas detalladas que permiten medir el rendimiento del anuncio, desde el alcance y las impresiones hasta las conversiones y el retorno de inversión.

A continuación, se muestran los tipos principales de publicidad pagada:

- **Anuncios con objetivos de conversión**: Están diseñados para dirigir tráfico a un sitio *web* o aplicación y llevar a cabo una acción específica, como una compra, registro o descarga.

- **Anuncios de reconocimiento de marca**: Buscan construir reconocimiento y recuerdo de marca entre una audiencia, especialmente útil para marcas nuevas en el mercado.

- **Anuncios de video**: Especialmente populares en plataformas como Instagram y YouTube, estos anuncios utilizan videos cortos o largos para captar la atención y comunicar un mensaje.

- **Anuncios carrusel**: Permiten a las marcas mostrar múltiples imágenes o videos en un solo anuncio, ideal para destacar varios productos o características.

- **Anuncios de *retargeting***: Se dirigen a individuos que ya han interactuado con la marca de alguna forma, ya sea visitando el sitio *web*, agregando un producto al carrito o descargando una aplicación.

Ejemplo

Una tienda de calzado lanza una nueva línea de zapatillas deportivas. Deciden usar Facebook Ads para crear una campaña de video mostrando las zapatillas en acción. Usan segmentación para dirigir el anuncio a individuos entre 18 y 35 años que han mostrado interés en deportes o fitness.

Paralelamente, publican fotos de las zapatillas en Instagram y utilizan la opción de Promoted Posts para asegurarse de que la publicación llegue a una audiencia más amplia. También implementan "Instagram Shopping" para que los usuarios puedan hacer clic en las zapatillas y comprarlas directamente desde la app.

Además, establecen una campaña de *retargeting* en ambos Facebook e Instagram, mostrando anuncios a las personas que visitaron el sitio *web* pero no realizaron una compra. Estos anuncios ofrecen un descuento del 10% para incitar a la conversión.

D. Colaboraciones e *influencers*

En la era digital actual, donde las voces individuales pueden resonar a través de continentes y culturas, la colaboración con *influencers* se ha convertido en una estrategia decisiva para muchas marcas. Estas personas, armados con seguidores leales y plataformas significativas, tienen el poder de influir en las decisiones de compra y las percepciones de la marca, llevando a las empresas a reconsiderar la forma en que interactúan y colaboran con su público.

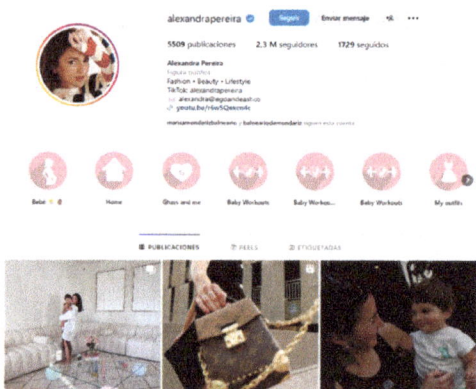

Fig. 32. La influencer Alexandra Pereira tiene 2,3 millones de seguidores

Se analiza, a continuación, dónde reside la importancia de estos *influencers*:

- **Conexión personal**: A diferencia de las marcas corporativas, los *influencers* a menudo se ven como personas reales y auténticas. Sus seguidores confían en sus opiniones porque han construido una relación basada en la transparencia y la confianza.

- **Segmentación natural**: Los *influencers* suelen tener una base de seguidores definida según nichos de interés. Colaborar con un *influencer* permite a las marcas llegar a una audiencia específica que ya está interesada en un nicho o industria particular.

- **Contenido auténtico**: Los *influencers* son creadores de contenido por naturaleza. Cuando promocionan un producto o servicio, lo hacen de una manera que es coherente con su estilo y personalidad, lo que puede resultar en promociones más genuinas y auténticas.

- **Mayor alcance**: Algunos *influencers* tienen millones de seguidores en plataformas como Instagram, YouTube o TikTok. Una simple mención o revisión puede llevar a un aumento masivo en la visibilidad de una marca.

En cuanto a las colaboraciones con *influencers*, la tipología es amplia:

- **Publicaciones patrocinadas**: Son el tipo más común de colaboración. Las marcas pagan al *influencer* para que destaque un producto o servicio en su plataforma.
- ***Takeovers* de redes sociales**: Los *influencers* toman el control de las cuentas de redes sociales de la marca durante un día o evento, brindando su perspectiva única y atrayendo a sus seguidores.
- **Colaboraciones de productos**: Algunas marcas van un paso más allá y colaboran con *influencers* en la creación de un producto exclusivo.
- **Eventos y experiencias**: Invitar a *influencers* a eventos exclusivos o experiencias personalizadas puede resultar en una cobertura valiosa para la marca.

- **Afiliaciones**: Los *influencers* promocionan un producto y obtienen una comisión por cada venta realizada a través de su enlace.

Una marca emergente de zapatos desea promocionar su nueva colección. Se acercan a un *influencer* con un millón de seguidores en Instagram, conocido por su estilo único y sus reseñas detalladas.

La colaboración comienza con una serie de publicaciones patrocinadas en las que el *influencer* muestra los zapatos en diferentes atuendos y escenarios.

Posteriormente, la marca y el *influencer co-crean* un diseño exclusivo, que se promociona como una edición limitada.

Para el lanzamiento de este diseño, organizan un evento al que asisten otros *influencers*, medios y fans, creando un zumbido alrededor del producto.

A lo largo de la colaboración, el *influencer* también utiliza enlaces afiliados, asegurando una comisión por cada par vendido a través de su promoción.

E. Interacción y *engagement*

El paisaje digital ha transformado la forma en que las marcas interactúan con sus audiencias. En lugar de ser una comunicación unidireccional, ahora es esencial que haya un diálogo constante entre la marca y sus consumidores. Esta interacción genuina no solo construye confianza, sino que también fomenta el *engagement*, que se traduce en lealtad y, a largo plazo, en mayores conversiones y ventas.

En cuanto a la interacción, en primer lugar, se va a analizar su importancia:

1. **Construye relaciones**: La interacción constante permite a las marcas construir relaciones sólidas y duraderas con sus clientes. Cuando un cliente siente que su voz es escuchada y valorada, es más probable que desarrolle un vínculo emocional con la marca.

2. **Feedback** **valioso**: A través de la interacción, las marcas pueden obtener *feedback* directo sobre sus productos, servicios o campañas. Este *feedback* es esencial para hacer ajustes y mejoras continuas.

3. **Aumenta el reconocimiento de la marca**: Una interacción regular mantiene a la marca en la mente de los consumidores. A medida que los seguidores interactúan con contenido de marca, aumenta la posibilidad de que lo compartan, expandiendo así el alcance y el reconocimiento de la marca.

Por otro lado, el *engagement* puede promoverse a partir de las siguientes actuaciones:

- **Contenido interactivo**: Las encuestas, cuestionarios y concursos pueden ser herramientas efectivas para fomentar la interacción. No solo brindan una plataforma para que los seguidores compartan sus opiniones, sino que también pueden ser divertidos y educativos.

- **Historias y anécdotas**: Compartir historias detrás de escena o anécdotas relacionadas con la marca puede humanizarla y hacer que los seguidores se sientan más conectados.

- **Promociones exclusivas**: Ofrecer descuentos o promociones exclusivas a los seguidores más leales o activos puede incentivar una mayor interacción.

- **Colaboraciones con seguidores**: Destacar el contenido creado por los seguidores, como reseñas o fotos del producto, puede alentar a más seguidores a compartir y participar.

Fig. 33. Ejemplo de un anuncio de sorteo en Instagram

Una marca de cosméticos decide lanzar una nueva línea de productos. Antes del lanzamiento, organizan una sesión en vivo en Instagram donde el fundador responde preguntas sobre los nuevos productos, sus ingredientes y cómo se comparan con los productos anteriores.

Durante la sesión, los seguidores comparten sus inquietudes, dan sugerencias y expresan su entusiasmo por los nuevos lanzamientos. Al final de la sesión, la marca anuncia un descuento exclusivo para todos los que asistieron.

Posteriormente, la marca comparte fragmentos destacados de la sesión en sus historias y publicaciones, agradeciendo a la comunidad por su participación activa y entusiasmo.

F. Análisis e interacción

El monitoreo constante y la capacidad de adaptación rápida son claves para mantener a una marca relevante y en sintonía con su audiencia. Las plataformas de redes sociales ofrecen una mina de oro de datos e *insights*, y la capacidad de un negocio para interpretar y actuar en base a esos datos puede marcar la diferencia entre el éxito y el fracaso.

En cuanto a la importancia del análisis en el Social Media Marketing, destacan estos aspectos:

- **Visión detallada del rendimiento**: Las herramientas analíticas ofrecen una visión detallada del rendimiento de las publicaciones y campañas, desde el alcance y las impresiones hasta las interacciones y conversiones. Esto permite entender qué tácticas están funcionando y cuáles no.

- **Identificación de tendencias**: Al monitorear los datos a lo largo del tiempo, se puede identificar tendencias en el comportamiento de la audiencia, lo que puede informar las futuras decisiones estratégicas.

- **ROI claro**: Se puede determinar el retorno de inversión (ROI) de los esfuerzos en redes sociales, lo que es vital para justificar y optimizar el gasto en *marketing*.

Ahora es el momento de analizar cómo adaptar la estrategia basándose en el análisis realizado. Para ello, se siguen una serie de pautas:

- **Segmentación refinada**: Si los datos muestran que un segmento particular de la audiencia está interactuando más con un contenido, se puede ajustar esta estrategia para dirigir más a la audiencia a ese segmento.

- **Optimización de contenido**: Si ciertos tipos de contenido (videos, infografías, *blogs*) reciben más *engagement*, es una señal para producir más de ese contenido en particular.

- **Ajuste de horarios de publicación**: Las herramientas analíticas pueden mostrar cuándo una audiencia está más activa. Ajustar los horarios de publicación para coincidir con estos picos puede aumentar la visibilidad y el *engagement*.

- **Identificación y mitigación de crisis**: Al monitorear las conversaciones y el sentimiento en torno a la marca, se puede identificar y responder rápidamente a cualquier posible crisis de relaciones públicas antes de que se agrave.

Una empresa de calzado lanza una campaña publicitaria en Facebook para promocionar una nueva línea de zapatillas. Después de una semana, usan Facebook Insights para evaluar el rendimiento.

Los datos revelan que el anuncio tiene un alto alcance entre el grupo de edad de 18- 25 años, pero no está resonando bien con el grupo de edad de 26-35 años. Además, los anuncios publicados por la tarde reciben más interacciones que los publicados por la mañana.

Basándose en estos *insights*, la empresa decide ajustar la segmentación del anuncio para dirigirse más al grupo de edad de 18-25 años y también cambian el horario de publicación de sus anuncios para las tardes.

Después de hacer estos ajustes, observan un aumento significativo en el *engagement* y las conversiones, validando la importancia del análisis y la adaptación en su estrategia de SMM.

G. *Storytelling* y formatos visuales

Cada día, los consumidores se enfrentan a una avalancha de contenido en las redes sociales, lo que hace que captar y mantener su atención sea cada vez más desafiante. Es aquí donde el *storytelling* y los formatos visuales se convierten en herramientas esenciales para las marcas que buscan destacarse y crear conexiones emocionales con su audiencia.

A continuación, se exponen las características del *Storytelling*:

1. Conexión emocional

Las historias tienen el poder de evocar emociones, ya sea alegría, tristeza, inspiración o asombro. Las emociones, a su vez, son esenciales para la formación de recuerdos y para influir en las decisiones de compra.

2. Humanización de la marca

Al contar historias, las marcas pueden mostrarse más humanas y relacionables. Ya sea compartiendo el viaje del fundador, los desafíos superados o las pequeñas victorias diarias, el *storytelling* permite a las empresas mostrar su lado más humano.

Fig. 34. Ejemplo de humanización de la marca en Instagram

3. Diferenciación

En mercados saturados, contar una historia única y auténtica puede ser la clave para diferenciarse de la competencia.

Los formatos visuales, por su parte, tienen mucho poder. Se muestra, a continuación, de forma más concreta sus ventajas:

- **Captura de atención**: Vivimos en una era visual. Las imágenes y videos son más propensos a detener a los usuarios mientras se desplazan por sus *feeds*, ofreciendo una oportunidad de oro para transmitir un mensaje.
- **Facilita la comprensión**: Los formatos visuales, especialmente los videos, pueden desglosar conceptos complejos en formatos fáciles de entender, haciendo que la información sea más accesible.
- **Fomenta el *engagement***: Los contenidos visuales, como infografías, memes o videos, suelen generar mayores tasas de interacción, compartición y comentarios.

Ejemplo

Una empresa decide crear una serie de Stories en Instagram que muestran un día en la vida en su oficina. Estas Stories podrían incluir:

- El viaje matutino de un empleado, mostrando la cultura de la ciudad y cómo se prepara para el día.
- Sesiones de *brainstorming*, destacando la colaboración y el espíritu de equipo.
- Descansos para el café, introduciendo a diferentes miembros del equipo y compartiendo anécdotas divertidas o inspiradoras.
- Detrás de escena de cómo se crea un producto o servicio, brindando transparencia y educación al cliente.

H. Contenidos temporales y urgencia

En la era de la inmediatez digital, el contenido temporal ha emergido como una táctica efectiva para captar la atención del consumidor. Estas piezas de contenido, que tienen una vida útil corta por diseño, juegan con la psicología humana, aprovechando el temor a perderse algo (FOMO, por sus siglas en inglés: *Fear Of Missing Out*) para alentar la interacción y la acción.

A continuación, se muestra la mecánica del contenido temporal:

- **FOMO**: Es una sensación de ansiedad que se experimenta al sentir que se está perdiendo algo. El contenido temporal, por su naturaleza efímera, induce esta sensación, empujando a los usuarios a consumir el contenido antes de que desaparezca.

- **Exclusividad**: Este tipo de contenido puede dar a los seguidores la sensación de estar "en el círculo interno", ofreciéndoles algo exclusivo que no está disponible para todos o por un período prolongado.

- **Frescura y actualidad**: Al tener una duración limitada, el contenido temporal a menudo es percibido como más fresco y actualizado, lo que puede hacer que los usuarios lo valoren más.

Anotación

El contenido temporal puede ser utilizado para crear urgencia. Al saber que el contenido o la oferta solo estará disponible por un tiempo limitado, los usuarios pueden sentirse impulsados a actuar rápidamente.

I. Grupos y comunidades

Las redes sociales han democratizado la voz del consumidor y han potenciado la creación de comunidades en torno a intereses, pasiones y marcas compartidas. En este paisaje, los grupos y comunidades en línea han surgido como espacios significativos donde las marcas pueden fomentar conexiones más profundas y significativas con su audiencia. En cuanto a su valor, encontramos:

- **Comunicación bidireccional**: A diferencia de los métodos tradicionales de publicidad, los grupos ofrecen un canal para la comunicación bidireccional. Las marcas pueden escuchar directamente las opiniones, preguntas y preocupaciones de sus clientes.

- **Segmentación de la audiencia**: Los grupos permiten la segmentación de la audiencia, lo que significa que se puede ofrecer contenido específico dirigido a un segmento particular de la base de clientes.

- **Fidelidad y retención**: Al ofrecer un espacio exclusivo donde los clientes pueden interactuar con la marca y entre ellos, los grupos pueden fortalecer la lealtad del cliente y mejorar la retención.
- *Feedback* **auténtico**: Los grupos actúan como un foro donde los clientes pueden compartir sus experiencias y dar retroalimentación, proporcionando a las empresas *insights* valiosos sobre sus productos o servicios.

Algunas estrategias efectivas para grupos y comunidades se exponen a continuación:

- **Contenido exclusivo**: Ofrecer contenido que no esté disponible en otros canales puede incentivar a más usuarios a unirse y participar activamente en el grupo.
- **Moderación activa**: Es vital tener moderadores activos para garantizar que las conversaciones se mantengan constructivas y relevantes y para gestionar cualquier posible conflicto.
- **Involucrar a los miembros**: Fomentar la participación activa mediante encuestas, discusiones, concursos y eventos virtuales.
- **Reconocimiento y recompensas**: Reconocer a los miembros más activos o contribuyentes valiosos y ofrecer recompensas o incentivos puede motivar a otros a participar más.

Fig. 35. Los moderadores deben resolver los conflictos en las comunidades online

Ejemplo

Una marca decide crear un grupo privado en Facebook para sus clientes más leales. En este grupo, podrían:

- Organizar sesiones exclusivas de preguntas y respuestas con el equipo detrás de la marca.
- Ofrecer descuentos exclusivos o acceso temprano a ventas.
- Permitir que los miembros prueben productos antes de su lanzamiento oficial.
- Compartir noticias y actualizaciones sobre la empresa antes que en otros canales.

J. Tendencias y viralidad

Vivimos en una era digital donde el contenido se consume a una velocidad vertiginosa y donde lo que es popular hoy, podría no serlo mañana. Esta naturaleza efímera del contenido digital ha dado lugar a un fenómeno conocido como viralidad, donde ciertos contenidos, desafíos, memes o tendencias capturan la imaginación colectiva y se propagan rápidamente a través de las redes sociales.

Se expone, a continuación, por qué es importante prestar atención a las tendencias y la viralidad:

- **Relevancia cultural**: Integrar tendencias actuales en la estrategia de contenido muestra que la marca está en sintonía con la cultura popular y está al tanto de lo que está sucediendo en el mundo digital.
- ***Engagement* mejorado**: El contenido basado en tendencias

Fig. 36. Los contenidos virales tienen el potencial de llegar a audiencias masivas en un corto período de tiempo, lo que puede aumentar significativamente la visibilidad de la marca

suele generar un alto *engagement*, ya que las personas están más inclinadas a interactuar con algo que ya reconocen y con lo que se identifican.

- **Potencial creativo**: Las tendencias y desafíos virales ofrecen una oportunidad para que las marcas sean creativas y muestren una faceta más humana.

Para capitalizar las tendencias y la viralidad, existen una serie de estrategias concretas:

- **Monitorización activa**: Utilizar herramientas de escucha social y monitoreo para estar al tanto de las tendencias emergentes en las redes sociales.
- **Autenticidad**: Es fundamental que las marcas no se sumen a una tendencia solo por sumarse. La participación debe sentirse auténtica y en línea con la voz y el ethos de la marca.
- **Rapidez de acción**: La viralidad es efímera. Si una marca decide subirse a una tendencia, debe hacerlo rápidamente antes de que pierda relevancia.
- **Fomentar la participación de la comunidad**: Animar a la audiencia a participar en desafíos o tendencias y comparte sus contribuciones.
- **Evaluación de riesgos**: Antes de sumarse a una tendencia, es imprescindible evaluar si podría ser controvertida o negativa para la imagen de la marca.

Ejemplo

Una marca de ropa deportiva observa que hay un *challenge* viral en TikTok donde las personas muestran sus rutinas de ejercicio. La marca podría:

- Crear su propia versión del *challenge*, mostrando ejercicios usando su ropa deportiva.
- Animar a sus seguidores a participar en el *challenge* y ofrecer descuentos a las rutinas más creativas.
- Colaborar con *influencers* de fitness para dar más visibilidad al *challenge* y a sus productos.

La viralidad es una espada de doble filo. Mientras ofrece la posibilidad de un alcance y reconocimiento masivo, también viene con el riesgo de ser efímero o, peor aún, malinterpretado. Las marcas que desean capitalizar las tendencias deben hacerlo con autenticidad, creatividad y un profundo entendimiento de su audiencia y la tendencia en cuestión.

5.3. Análisis y estadísticas

El mundo digital ha evolucionado rápidamente y, con él, las estrategias de *marketing* en redes sociales. Para mantenerse competitivas, las marcas deben aprovechar al máximo el poder de los datos. El análisis en SMM no solo es fundamental, es el diferenciador clave que permite a las marcas sobresalir en un panorama saturado.

Cada clic, "me gusta", comentario y compartido se convierte en una fuente valiosa de información. Estos puntos de datos pueden parecer insignificantes por sí mismos, pero en conjunto, pintan un retrato detallado del comportamiento y las preferencias del usuario.

Imagina que tienes dos campañas publicitarias corriendo simultáneamente en Facebook. Una campaña utiliza un tono humorístico mientras que la otra utiliza un enfoque más serio. Al analizar los datos, te das cuenta de que la campaña humorística tiene un 20% más de *engagement*. Este es el tipo de *insight* que puede reorientar una estrategia completa.

Al basar las decisiones en datos en lugar de en instintos, se reduce el margen de error. Si bien ninguna estrategia puede garantizar el éxito, el riesgo de fallos costosos disminuye drásticamente cuando se actúa sobre la base de información precisa y actualizada.

Para la optimización de la estrategia, se pueden emplear las siguientes prácticas:

- **Identificación de contenidos de alto rendimiento**: Mediante el análisis, las marcas pueden identificar qué tipo de contenido resuena más con su audiencia. Ya sea video, gráficos, encuestas o cualquier otro formato, comprender qué impulsa el *engagement* es esencial.

- **Evaluación del ROI**: Determinar el retorno de inversión (ROI) es esencial para justificar y calibrar el gasto en *marketing*. El análisis en SMM proporciona una visión clara del impacto de cada dólar gastado. Esto no solo ayuda a las marcas a identificar dónde están obteniendo el máximo valor, sino que también señala áreas de ineficiencia que pueden requerir reevaluación.

- **Segmentación avanzada**: El análisis puede revelar patrones en diferentes segmentos de audiencia. Al entender cómo diferentes grupos (por edad, ubicación, intereses, etc.) interactúan con el contenido, las marcas pueden adaptar y personalizar su enfoque para servir mejor a cada segmento.

Para lograr un entendimiento profundo del público, existen las siguientes estrategias:

- **Creación de personas Buyer**: El análisis en SMM puede ayudar a las marcas a construir "personas", que son representaciones semi-ficticias de nuestro cliente ideal. Estas personas se basan en datos reales sobre comportamiento, demografía, intereses y otros factores.

- **Empatía y conexión**: Al entender las preferencias, aversiones, retos y pasiones de la audiencia, las marcas pueden crear contenido que realmente resuene. Esta conexión auténtica es lo que separa a las marcas mediocres de las marcas icónicas.

- ***Feedback* constante**: El *feedback* es un regalo, y en el mundo de las redes sociales, es abundante. A través del análisis, las marcas pueden identificar comentarios recurrentes, ya sean positivos o negativos, y actuar en consecuencia. Esto no solo mejora la oferta de la marca, sino que también demuestra a la audiencia que se les escucha y valora.

Fig. 37. Las redes sociales permiten obtener el feedback de los clientes a través de la interacción

El *Social Media Marketing* (SMM) es un campo dinámico y en constante evolución. Para navegar con éxito por este panorama, es esencial entender y monitorizar las métricas correctas. Estas métricas proporcionan un panorama claro del desempeño y ofrecen la oportunidad de afinar la estrategia según sea necesario.

A continuación, se detalla una descripción más profunda de las principales métricas a considerar en SMM:

A. Engagement

El *engagement* mide la interacción de la audiencia con el contenido publicado. Esta métrica engloba varios indicadores como *likes*, comentarios, compartidos y respuestas.

Una tasa de *engagement* alta sugiere que el contenido es relevante y resonante para la audiencia. Por el contrario, una tasa baja puede indicar que el contenido no es atractivo o no es relevante para los seguidores.

B. Alcance e impresiones

El alcance se refiere al número total de usuarios únicos que vieron un contenido, mientras que las impresiones representan la cantidad total de veces que se mostró dicho contenido, independientemente de cuántos usuarios lo vieron.

Estas métricas son esenciales para entender la visibilidad del contenido. Si bien un alto alcance e impresiones son deseables, si no se acompañan de un *engagement* proporcional, pueden indicar problemas en la calidad o relevancia del contenido.

Una empresa publica un anuncio en Facebook. Si el anuncio tiene 100.000 impresiones, pero solo alcanza a 20.000 usuarios, esto significa que, en promedio, cada usuario vio el anuncio cinco veces. Si, a pesar de esta alta visibilidad, el *engagement* es bajo, la empresa podría necesitar reconsiderar el diseño o el mensaje del anuncio.

C. Tráfico *web* referral

Esta métrica mide el número de visitantes que acceden a un sitio web directamente desde las redes sociales.

Monitorizar el tráfico *web referral* ayuda a las marcas a entender qué plataformas de redes sociales son más efectivas para dirigir tráfico hacia su sitio *web*. Esta métrica ofrece *insights* sobre la calidad del contenido compartido y la efectividad de los llamados a la acción.

Después de compartir un *blog* en LinkedIn, una empresa B2B observa un aumento del 25% en el tráfico *web* procedente de esta red social. Este dato indica que LinkedIn es una plataforma efectiva para alcanzar y atraer a su audiencia objetivo hacia su contenido.

D. Tasa de conversión

La tasa de conversión mide la eficacia con la que las interacciones en redes sociales conducen a una acción específica, como una compra, descarga o registro.

Esta métrica es esencial para entender el ROI de las acciones en SMM. Una alta tasa de conversión indica que la audiencia no solo está interesada en el contenido, sino que también está dispuesta a realizar una acción.

Una tienda en línea lanza una promoción exclusiva en Pinterest. Si bien observa un alto número de clics en su anuncio, la tasa de conversión (compras realizadas) es baja. Esto puede sugerir un desajuste entre las expectativas creadas por el anuncio y la experiencia en el sitio *web* o la oferta real.

E. Crecimiento de seguidores

Monitorizar el aumento o disminución de seguidores en las redes sociales puede ofrecer *insights* sobre la efectividad de la estrategia de SMM. Un crecimiento constante indica que la marca está expandiendo su alcance y resonando con más usuarios. Sin embargo, un estancamiento o disminución puede ser una señal de alarma para revisar y ajustar la estrategia.

Ejemplo

Un restaurante local inicia una campaña en Instagram para atraer a más clientes jóvenes. Si, tras la campaña, observa un aumento del 50% en sus seguidores y una mayor interacción de usuarios jóvenes, esto confirma que su estrategia está resonando con el público objetivo.

Para las marcas y empresas que buscan tener éxito en el mundo digital, el análisis detallado y la interpretación de datos son esenciales. Las herramientas de análisis en *Social Media Marketing* proporcionan una visión clara y cuantificable del desempeño de las estrategias y acciones.

Una vez analizadas las principales métricas a analizar, a continuación, se presenta una exploración profunda de las herramientas nativas y de terceros más populares en el mercado:

A. Herramientas nativas

Dentro de las herramientas nativas, se encuentran:

1. Facebook Insights

Facebook Insights es la herramienta analítica incorporada de Facebook que permite a las empresas obtener datos sobre su rendimiento en la plataforma.

Se caracteriza por los siguientes aspectos:

- **Rendimiento del contenido**: Se puede saber cuántas personas han visto, interactuado y compartido las publicaciones.
- **Datos demográficos**: Se puede conocer la edad, género, ubicación y otros detalles esenciales sobre nuestra audiencia.

- **Interacciones de la página**: Muestra métricas como *likes* totales, nuevos likes, alcance total y acciones en la página.

Una empresa que quiere evaluar la efectividad de su última campaña publicitaria en Facebook puede usar *Insights* para determinar qué publicaciones generaron más interacción y cuál fue la demografía predominante que interactuó con esas publicaciones.

---

2. X Analytics

X Analytics ofrece estadísticas sobre el rendimiento de los tweets y la información del perfil de la audiencia.

Entre sus características principales, destacan:

- **Resumen mensual**: Muestra el número de tweets, impresiones de tweets, visitas al perfil y menciones.
- **Rendimiento de Tweets**: Permite a los usuarios ver el número de impresiones, interacciones y la tasa de interacción para cada tweet.
- **Datos demográficos**: Conoce los intereses, la ubicación y otros datos de nuestra audiencia.

Una marca que lanza un nuevo hashtag puede utilizar X Analytics para rastrear cuántas veces se ha mencionado el hashtag, el alcance total y las impresiones.

---

3. LinkedIn Analytics

LinkedIn Analytics resulta ideal para negocios B2B, ofrece datos sobre el rendimiento de las publicaciones y detalles sobre los seguidores. Se caracteriza por dos aspectos:

- **Rendimiento de las publicaciones**: Muestra impresiones, clics, interacciones y tasa de interacción.
- **Datos sobre seguidores**: Ofrece información sobre el crecimiento de seguidores, datos demográficos y tendencias a lo largo del tiempo.

Una empresa de consultoría que publica regularmente artículos en LinkedIn puede usar Analytics para identificar qué temas son más populares entre su audiencia y adaptar su estrategia de contenidos en consecuencia.

Fig. 38. Análisis de seguidores por tamaño de la empresa en LinkedIn

B. Herramientas de terceros

Dentro de las herramientas de terceros, cabe mencionar las siguientes:

1. Google Analytics

Aunque no es una herramienta específica de social media, Google Analytics ofrece información valiosa sobre el tráfico *web* que proviene de plataformas sociales. Sus características principales son:

- **Tráfico de referencia**: Permite conocer qué redes sociales están enviando más tráfico al sitio *web*.
- **Comportamiento del usuario**: Ofrece detalles sobre cómo los usuarios interactúan con el sitio después de llegar desde una red social.

Un *blog* que publica enlaces en varias plataformas de redes sociales puede usar Google Analytics para determinar cuál de estas plataformas genera más tráfico y *engagement* en su sitio.

2. *Hootsuite*

Hootsuite no solo es una herramienta de programación de contenidos, sino que también ofrece análisis detallados de las interacciones en redes sociales.

Se caracteriza por contener un *Dashboard* unificado que permite monitorear múltiples redes sociales desde un solo lugar y por generar informes basados en métricas específicas que deseemos rastrear.

Una marca que tiene presencia en Facebook, X y Instagram puede usar Hootsuite para comparar el rendimiento de una misma campaña a través de las tres plataformas.

3. *Sprout Social*

Sprout Social es una herramienta integral de gestión y análisis de redes sociales. Se caracteriza por ofrecer un análisis profundo mediante informes detallados sobre el rendimiento, la participación y el crecimiento en diferentes plataformas, así como por la escucha social, permitiendo monitorear menciones de la marca y palabras clave relevantes en las redes.

Una empresa que busca mejorar su servicio al cliente en redes sociales puede utilizar Sprout Social para monitorear menciones y responder rápidamente a los comentarios y preguntas de los clientes.

Resumen

A lo largo de esta unidad se ha aprendido diversos aspectos del marketing y las herramientas esenciales para su implementación efectiva en el mundo digital actual. Se ha explorado la importancia y el propósito de un plan de *marketing* y cómo este sirve como guía estratégica para alcanzar los objetivos de *marketing* de una empresa. También se ha visto que, en lugar de lanzar productos o servicios al mercado sin una dirección clara, las empresas deben desarrollar y seguir un plan de *marketing* que incluya un análisis exhaustivo de la situación, definición de objetivos claros, y la elección de estrategias y tácticas adecuadas.

Se ha analizado en detalle el papel determinante del *email marketing* en la promoción de productos y servicios, viendo cómo, gracias a sus características de personalización, costo-efectividad, medición precisa y construcción de relaciones a largo plazo, el *email marketing* sigue siendo una táctica relevante y poderosa en el arsenal de *marketing* de cualquier empresa.

Posteriormente, se ha abordado la relevancia de las redes sociales en el *marketing* digital, resaltando su capacidad de proporcionar un alcance global y permitir una interacción directa con los clientes. Las redes sociales no solo ofrecen un medio para difundir contenido, sino también para segmentar y dirigirse a audiencias específicas de manera efectiva. Además, se ha enfatizado la necesidad de adaptar el contenido a la naturaleza dinámica y visual de estas plataformas.

Al profundizar en herramientas específicas, se ha descubierto que la automatización del *marketing*, como la que ofrecen plataformas como HubSpot y Marketo, puede ser un activo invaluable para las empresas al permitirles gestionar y nutrir leads de manera eficiente. Estas herramientas reducen la carga manual y aseguran que los mensajes correctos se entreguen a las personas adecuadas en el momento oportuno.

Se ha abordado, además, la importancia de las herramientas de CRM, como Salesforce y Zoho CRM, que desempeñan un papel esencial en la gestión y análisis de las relaciones con los clientes. Estas plataformas ayudan a las empresas a mantenerse conectadas con sus clientes, entender sus necesidades y preferencias, y ofrecer un servicio más personalizado.

El mundo del *email marketing*, representado por soluciones como Mailchimp y SendinBlue, ha sido otra área abordada. Estas herramientas permiten no solo enviar correos electrónicos masivos, sino también segmentar audiencias, automatizar envíos y medir la efectividad de las campañas.

Se ha puesto especial atención en herramientas de optimización de conversión como Optimizely y Unbounce, las cuales son esenciales para empresas que buscan mejorar las tasas de conversión en sus sitios *web*.

En el ámbito de la colaboración y gestión de proyectos, se ha hablado sobre Trello, que utiliza el sistema Kanban para la organización de tareas, y Slack, una revolucionaria plataforma de comunicación y colaboración para equipos. Estas herramientas son fundamentales para coordinar tareas y asegurar la eficiencia en entornos de trabajo modernos.

Por último, se ha dedicado tiempo a estudiar herramientas de chat y soporte, poniendo de manifiesto la creciente necesidad de proporcionar soporte instantáneo en el mundo digital actual. Se han analizado plataformas como Intercom y Zendesk, destacando cómo ayudan a las empresas a comunicarse con sus clientes en tiempo real y ofrecer soluciones efectivas a sus problemas.

Glosario

Automatización del *Marketing*

Proceso por el cual se utilizan herramientas y tecnología para automatizar tareas repetitivas en *marketing*, lo que permite a las empresas segmentar audiencias, enviar mensajes en momentos estratégicos y medir la eficacia de sus campañas.

Base de Conocimientos

Colección organizada de información que se utiliza para ayudar a los usuarios a encontrar respuestas a preguntas comunes sin la necesidad de contacto directo con el soporte al cliente.

***Chat* en Vivo**

Servicio que permite a los usuarios comunicarse en tiempo real con representantes de soporte o ventas de una empresa a través de una ventana de chat en un sitio *web* o aplicación.

CRM (Customer Relationship Management)

Tecnología o sistema que las empresas utilizan para gestionar y analizar las interacciones y relaciones con los clientes actuales y potenciales. El objetivo es mejorar las relaciones comerciales y fomentar la retención de clientes.

Email Marketing

Proceso de enviar mensajes comerciales, generalmente a un grupo de personas, utilizando el correo electrónico. Puede involucrar boletines informativos, ofertas promocionales, anuncios y más.

Integraciones

Capacidad de una herramienta o plataforma para conectarse y trabajar conjuntamente con otras herramientas o sistemas para lograr funciones adicionales o más complejas.

Kanban

Sistema de gestión visual que utiliza tarjetas y listas para organizar y priorizar tareas.

Multicanalidad

Práctica de interactuar con clientes utilizando varios canales, ya sean directos o indirectos, para vender productos o servicios.

Optimización de Conversión (CRO)

Proceso de aumentar el porcentaje de visitantes de un sitio *web* que realizan una acción deseada, como completar una compra o registrarse en un boletín.

Redes Sociales

Plataformas digitales donde los usuarios crean y comparten contenido, además de interactuar entre sí. Estas plataformas incluyen sitios como Facebook, X, LinkedIn y más.

Segmentación

Proceso de dividir un mercado o audiencia en grupos más pequeños con características o necesidades similares para dirigirse a ellos de manera más efectiva.

Slack

Plataforma de comunicación que permite a los equipos colaborar y comunicarse en tiempo real mediante canales y mensajes directos.

Trello

Herramienta de gestión de proyectos que utiliza el sistema Kanban para ayudar a los equipos a organizar tareas y colaborar en proyectos.

Zendesk

Plataforma de atención al cliente que ofrece una suite completa de herramientas para gestionar la interacción y el soporte al cliente a través de varios canales, incluyendo *chat* en vivo, email y teléfono.

Ejercicios de autoevaluación

1. ¿Qué significa "Automatización del *Marketing*"?

   a. Es el uso de robots para vender productos en tiendas físicas.

   b. Es el proceso de usar herramientas y tecnología para automatizar tareas repetitivas en *marketing*.

   c. Es el proceso de enviar correos electrónicos a clientes sin segmentar.

   d. Es la técnica de vender productos manualmente sin usar herramientas digitales.

2. ¿Qué es una Base de Conocimientos?

   a. Es una lista de productos más vendidos en una tienda.

   b. Es un tipo de *software* de diseño gráfico.

   c. Es una colección organizada de información para ayudar a los usuarios a encontrar respuestas a preguntas comunes.

   d. Es un sistema para hacer reservas y citas.

3. ¿Qué servicio ofrece el Chat en Vivo?

   a. Permite a los usuarios descargar archivos grandes.

   b. Permite a los usuarios comunicarse en tiempo real con representantes de una empresa a través de una ventana de *chat*.

   c. Permite a los usuarios programar reuniones.

   d. Ofrece tutoriales pregrabados para solucionar problemas.

4. ¿Qué es CRM?

a. Una técnica para aumentar la visibilidad en los motores de búsqueda.

b. Un sistema utilizado por las empresas para gestionar y analizar las interacciones y relaciones con los clientes.

c. Un tipo de publicidad pagada en medios impresos.

d. Una herramienta para diseño gráfico.

5. ¿Cuál es el propósito principal del *Email Marketing*?

a. Diseñar logotipos y gráficos para empresas.

b. Gestionar las finanzas de una empresa.

c. Enviar mensajes comerciales, generalmente a un grupo de personas, utilizando el correo electrónico.

d. Organizar reuniones corporativas y eventos.

6. ¿Qué implica la multicanalidad en la atención al cliente?

a. Interactuar con clientes utilizando varios canales, ya sean directos o indirectos.

b. Enfocarse solo en la atención al cliente a través de redes sociales.

c. Realizar múltiples tareas al mismo tiempo.

d. Usar múltiples softwares de diseño gráfico.

7. ¿Cuál es el propósito de la Optimización de Conversión (CRO)?

a. Diseñar un logotipo atractivo.

b. Crear campañas publicitarias para la radio.

c. Aumentar el porcentaje de visitantes de un sitio *web* que realizan una acción deseada.

d. Gestionar la cadena de suministro de una empresa.

8. ¿Qué es Trello?

    a. Un *software* para editar videos.

    b. Una herramienta para analizar el tráfico *web*.

    c. Una herramienta de gestión de proyectos que utiliza el sistema Kanban.

    d. Un programa para realizar llamadas telefónicas en línea.

9. ¿Cómo ayuda la puntuación de leads en Pardot?

    a. Permite asignar colores a los leads.

    b. Ayuda a identificar los leads más prometedores y concentrar recursos en ellos.

    c. Muestra el número total de leads sin categorización.

    d. Facilita el envío de mensajes de *spam* a los *leads*.

10. ¿Cuál de las siguientes estrategias de *marketing* digital implica incentivar a los usuarios a crear y compartir contenido relacionado con la marca?

    a. Escucha social.

    b. Publicidad pagada.

    c. *Marketing* de influencia.

    d. Contenido generado por el usuario.

Aplicaciones prácticas

Aplicación práctica 1. Medidas de seguridad en línea

Módulo 1. *E-commerce*

Trabajas en una empresa emergente de comercio electrónico que vende productos de alta gama. A medida que el volumen de ventas y la base de clientes de la empresa crecen, también lo hacen las preocupaciones sobre la seguridad en las transacciones en línea.

Se te ha encargado mejorar las medidas de seguridad para proteger a los clientes y a la empresa contra el fraude en línea y otras amenazas de seguridad cibernética.

Primero, realiza una evaluación de la situación actual de la seguridad de las transacciones en línea en tu sitio *web*. A continuación, basándote en los conceptos y estrategias discutidos en el contenido, propón un plan para fortalecer la seguridad en las transacciones en línea de la empresa.

Aplicación práctica 2. Plan de comercio electrónico

Módulo 1. E-commerce

Te has convertido recientemente en el gerente de *marketing* digital de una empresa de productos de belleza naturales que actualmente se vende exclusivamente en tiendas físicas. La empresa ha decidido expandirse al comercio electrónico para llegar a un público más amplio.

Te han asignado la tarea de diseñar un plan estratégico para el lanzamiento y la gestión de las operaciones de comercio electrónico de la empresa.

Para empezar, debes analizar los diferentes tipos y ámbitos de comercio electrónico que podrían ser relevantes para la empresa. Luego, basándote en los conceptos y estrategias discutidos en el contenido, propón un plan detallado que describa qué tipo y ámbito de comercio electrónico debería adoptar la empresa, y cómo debería gestionarlo.

Aplicación práctica 3. Herramientas de firma electrónica

Módulo 2. Administración electrónica

Te has convertido recientemente en el director de operaciones de una empresa que está en proceso de digitalización completa de sus transacciones y documentación. Una de tus primeras tareas es seleccionar una herramienta de firma electrónica que se adapte a las necesidades específicas de tu empresa. La herramienta debe ser segura, eficiente y cumplir con todas las regulaciones legales y de seguridad pertinentes.

Para empezar, debes analizar las diferentes herramientas de firma electrónica que podrían ser relevantes para la empresa. Luego, basándote en los conceptos y características discutidos en el contenido, clasifica las herramientas en diferentes categorías según su aplicabilidad para diferentes tipos de organizaciones y necesidades.

Elabora un esquema que muestre las principales herramientas y sus características.

Aplicación práctica 1. Estrategia de *marketing* digital

Módulo 3. *Email Marketing*

Eres el jefe de *marketing* digital de "VerdeVida", una startup dedicada a la venta de plantas de interior y *kits* de jardinería urbana. A pesar de que la empresa tiene presencia en redes sociales y ha experimentado con anuncios pagados, las ventas no han despegado como se esperaba. La dirección de la empresa decide que es hora de implementar una estrategia más robusta y cohesiva utilizando herramientas específicas de *marketing* digital.

Considerando herramientas como Slack, Intercom, Zendesk, y plataformas específicas de redes sociales, crea una estrategia que fomente la comunicación interna, mejore la atención al cliente, y optimice la promoción y venta de productos en plataformas digitales.

Aplicación práctica 5. Atraer y fidelizar clientes a través del *marketing* digital

Módulo 3. *Email Marketing*

Eres el encargado de *marketing* digital en una librería local que ha decidido expandir su alcance mediante una tienda *online* y campañas de *marketing* digital. Mientras que en la tienda física los clientes solían entrar por casualidad o por recomendaciones y tenían la oportunidad de explorar y hojear los libros, en el ámbito digital la dinámica es diferente. Tu reto es diseñar una estrategia que no solo atraiga a los clientes al sitio *web*, sino que también reproduzca, de alguna manera, esa experiencia tangible y personal de elegir un libro en un espacio físico.

Considera el uso del *email marketing*, las redes sociales, y otras herramientas de *marketing* digital para alcanzar y conectar con los lectores, para crear un plan que defina cómo atraerás, involucrarás y retendrás a los clientes en este nuevo espacio digital.

Aplicación práctica 6. Uso de las redes sociales como estrategia de *marketing*

Módulo 3. *Email Marketing*

Has sido nombrado recientemente como el nuevo responsable de *marketing* digital de una empresa que busca expandir su presencia en línea. Una de tus primeras tareas es desarrollar una estrategia de *marketing* en redes sociales. Para hacerlo de manera efectiva, necesitas entender las características y aplicaciones de *marketing* de diversas plataformas de redes sociales.

Elabora un esquema que muestre las características y usos en *marketing* digital de Facebook, LinkedIn, X, Instagram y TikTok.

Aplicación práctica 7. Herramientas *web* para la gestión

Módulo 3. *Email Marketing*

Has sido contratado como consultor para una empresa emergente que está en el proceso de escalar sus operaciones. Una de tus tareas clave es ayudar a la empresa a seleccionar las herramientas *web* más adecuadas para su gestión comercial.

La empresa está particularmente interesada en herramientas que puedan ayudar en áreas como la automatización de *marketing*, la gestión de relaciones con los clientes (CRM), el *email marketing*, la optimización de la tasa de conversión, la gestión de proyectos y la atención al cliente.

Elabora una tabla que clasifique estas herramientas *web* de gestión comercial y sus principales características.

Ejercicio de evaluación final

1. ¿Qué es el comercio electrónico B2B?

   a. Es el comercio en línea entre un negocio y un consumidor individual.

   b. Es el comercio en línea entre un consumidor individual y otro consumidor individual.

   c. Es el comercio en línea entre dos empresas o más.

   d. Es el comercio en línea entre un gobierno y una empresa.

2. ¿Qué es el *m-commerce*?

   a. Es el comercio que se realiza mediante el intercambio de monedas digitales.

   b. Es el comercio que se realiza a través de dispositivos móviles como smartphones y tabletas.

   c. Es el comercio que se realiza a través de máquinas automáticas.

   d. Es el comercio que se realiza a través de medios de comunicación masivos.

3. ¿Qué es el RGPD?

   a. Es un estándar de seguridad para el comercio electrónico.

   b. Es una estrategia de *marketing* digital.

   c. Es un reglamento de la Unión Europea que protege la privacidad de los datos personales de los ciudadanos.

   d. Es una metodología de desarrollo de *software*.

4. ¿Cuál es el propósito de la autenticación de dos factores?

   a. Aumentar la velocidad de las transacciones en línea.

   b. Reducir los costos de las transacciones en línea.

   c. Aumentar la seguridad de las cuentas de los usuarios en línea.

   d. Aumentar la eficiencia del servicio de atención al cliente en línea.

5. ¿Qué es un Firewall en el contexto de la seguridad en línea?

a. Es un tipo de *malware* que ataca las redes informáticas.

b. Es un sistema de seguridad que monitoriza y controla el tráfico de red basado en reglas de seguridad predefinidas.

c. Es un tipo de *software* de comercio electrónico.

d. Es una estrategia de *marketing* digital.

6. ¿Qué es un sistema anti-fraude en el comercio electrónico?

a. Es una estrategia de precios para los productos en línea.

b. Es un sistema que utiliza algoritmos para detectar y prevenir transacciones fraudulentas.

c. Es un sistema para gestionar el inventario de productos en línea.

d. Es una estrategia para mejorar la comunicación con los clientes en línea.

7. ¿Qué es PCI DSS en el comercio electrónico?

a. Es una estrategia de SEO para mejorar la visibilidad de la tienda en línea.

b. Es una estrategia de *marketing* de contenido para atraer a más clientes.

c. Es un conjunto de normas que todos los comerciantes que aceptan tarjetas de crédito deben seguir para proteger los datos de los titulares de las tarjetas.

d. Es una técnica de codificación para el desarrollo de sitios web de comercio electrónico.

8. ¿Cuál es una plataforma para comercio electrónico?

a. Drupal.

b. Wix.

c. Magento.

d. Wordpress.

9. **¿Qué es el cifrado SSL/TLS en el contexto de la seguridad en las transacciones en línea?**

   a. Es una técnica para mejorar la visibilidad de un sitio *web* en los motores de búsqueda.
   b. Es una estrategia para aumentar la velocidad de las transacciones en línea.
   c. Es un protocolo de seguridad que cifra la información que se envía entre un navegador *web* y un servidor *web* para proteger los datos durante la transmisión.
   d. Es una estrategia de *marketing* digital para atraer a más clientes.

10. **¿Por qué es importante la autenticación en el comercio electrónico?**

   a. Para aumentar la velocidad de las transacciones en línea.
   b. Para reducir los costos de las transacciones en línea.
   c. Para verificar la identidad de los usuarios y prevenir el acceso no autorizado a las cuentas de los usuarios.
   d. Para mejorar la comunicación con los clientes en línea.

11. **¿Qué es la administración electrónica?**

   a. Un sistema de gestión interno de una empresa.
   b. La compra y venta de productos por *Internet*.
   c. La realización de trámites y servicios del gobierno a través de medios digitales.
   d. El uso de dispositivos electrónicos para el entretenimiento.

12. **¿Cuál de las siguientes afirmaciones sobre la firma electrónica es correcta?**

   a. Es un dibujo digital de la firma manuscrita de una persona.
   b. Es un método para verificar la identidad de una persona en línea.
   c. Es un tipo de contraseña para acceder a servicios en línea.
   d. Todas las anteriores son correctas.

13.¿Qué permite la Ley de Protección de Datos en España?

    a. Permite a las empresas vender datos de sus clientes.

    b. Permite al gobierno acceder a los datos de los ciudadanos sin restricciones.

    c. Protege los derechos de los ciudadanos a controlar sus datos personales.

    d. Ninguna de las anteriores.

14.¿Qué es la autenticación de dos factores?

    a. Es un método que requiere dos contraseñas para iniciar sesión.

    b. Es un método que requiere dos formas de identificación para acceder a un sistema.

    c. Es un método que permite a dos personas compartir una cuenta.

    d. Es un método que requiere dos ordenadores para acceder a un sistema.

15.¿Qué es el certificado digital?

    a. Es un diploma que acredita la formación en tecnología digital.

    b. Es un sistema de calificación para sitios web.

    c. Es una tecnología que permite verificar la identidad y la autenticidad de un sitio web o una persona en línea.

    d. Es un método de pago en línea.

16.¿Cuál de las siguientes es una ventaja de la administración electrónica?

    a. Mejora la eficiencia y accesibilidad de los servicios gubernamentales.

    b. Aumenta la burocracia y los trámites.

    c. Disminuye la transparencia del gobierno.

    d. Limita el acceso a los servicios gubernamentales a las personas con acceso a Internet.

17.¿Qué es un sistema de gestión de identidad?

a. Un sistema para crear avatares en línea.

b. Un sistema para rastrear la actividad en línea de una persona.

c. Un sistema para verificar y gestionar la identidad de un usuario en línea.

d. Un sistema para ocultar la identidad de una persona en línea.

18.¿Qué es un sistema de gestión de trámites electrónicos?

a. Un sistema para realizar compras en línea.

b. Un sistema para gestionar las comunicaciones por correo electrónico.

c. Un sistema para gestionar y realizar trámites gubernamentales en línea.

d. Un sistema para gestionar las redes sociales.

19.¿Cómo ayuda la tecnología *blockchain* a la identificación en Internet?

a. Permite el seguimiento de las actividades en línea de una persona.

b. Facilita la creación de contraseñas más seguras.

c. Permite la creación de sistemas de identificación descentralizados y seguros.

d. Ninguna de las anteriores.

20.¿Cómo ayuda la autenticación adaptativa a la seguridad en línea?

a. Requiere una contraseña para cada actividad en línea.

b. Bloquea todas las actividades en línea que se consideren sospechosas.

c. Ajusta los requisitos de autenticación en función del comportamiento y el nivel de riesgo percibidos.

d. Ninguna de las anteriores.

21.¿Qué es el *marketing* digital?

a. Es una técnica de *marketing* que solo se usa en las redes sociales.

b. Es una forma de *marketing* que utiliza *internet* y tecnologías digitales para promocionar productos o servicios.

c. Es una herramienta utilizada exclusivamente para la publicidad por correo electrónico.

d. Es un tipo de *marketing* que solo se utiliza en la televisión y la radio.

22.¿Cuál es una característica del *email marketing*?

a. Es un medio para enviar correos electrónicos no solicitados.

b. No permite la segmentación de audiencia.

c. Permite la personalización y automatización de mensajes.

d. Solo permite enviar el mismo mensaje a todos los suscriptores.

23.¿Cómo se puede utilizar Slack en un entorno de *marketing* digital?

a. Como una plataforma de comercio electrónico.

b. Como un *software* de diseño gráfico.

c. Como una herramienta de comunicación interna para coordinar equipos.

d. Como un administrador de base de datos de clientes.

24.¿Cómo ayuda Intercom en la comunicación con los clientes?

a. Generando publicaciones en redes sociales automáticamente.

b. Permitiendo la comunicación en tiempo real a través del *chat*.

c. Gestionando las cuentas de correo electrónico de la empresa.

d. Realizando llamadas telefónicas automáticas a los clientes.

25.¿Cuál es uno de los usos de Zendesk en la atención al cliente?

    a. Publicar en redes sociales.

    b. Enviar emails masivos a todos los clientes.

    c. Diseñar gráficos para la promoción de productos.

    d. Crear una base de conocimientos para ayudar a los clientes a resolver sus dudas.

26.¿Cuál es una herramienta anti-fraude?

    a. ModSecurity.

    b. 2FA.

    c. Kount.

    d. SSL.

27.¿Para qué podemos utilizar Mailchimp?

    a. SEO.

    b. Análisis de sitios web.

    c. *m-Commerce.*

    d. *Email marketing.*

28.¿Para qué podemos usar Hootsuite?

    a. Análisis de sitios *web*.

    b. Gestión de redes sociales.

    c. *Email marketing.*

    d. Gestión de contenidos.

29.Como norma general, ¿cuánto es el IVA en España?

    a. No hay un tipo fijo.

    b. 21%.

    c. 10%.

    d. 4%.

30.¿Qué significa SSL?

   a. *Secure Sound Layer.*
   b. *Secure System Layer.*
   c. *Secure Side Layer.*
   d. *Secure Sockets Layer.*

31.¿Qué siglas se usan para denominar el reglamento europeo de protección de datos?

   a. LOPD.
   b. REPD.
   c. ROPD.
   d. RGPD.

32.¿Qué nombre recibe la herramienta de seguridad que monitorea y controla el tráfico de red basándose en reglas de seguridad predefinidas para prevenir accesos no autorizados?

   a. *Antivirus.*
   b. *Firewall.*
   c. SEO.
   d. SSL.

33.¿Qué debe contener una política de privacidad en una web de comercio electrónico?

   a. Los gastos de envío de los productos.
   b. La finalidad de la información que se recopila.
   c. La política de devoluciones.
   d. La fecha de creación de la empresa.

34.¿Cuál de las siguientes es una herramienta antifraude?

a. Magento.
b. Riskified.
c. Fortinet.
d. HubSpot.

35.¿Qué nombre recibe la métrica que mide la eficacia con la que las interacciones en redes sociales conducen a una acción específica, como una compra, descarga o registro?

a. *Engagement.*
b. Tasa de conversión.
c. Alcance.
d. Impresiones.

36.¿Qué nombre recibe la métrica que mide la interacción de la audiencia con el contenido publicado?

a. *Engagement.*
b. Tasa de conversión.
c. Alcance.
d. Impresiones.

37.¿Qué nombre recibe la métrica que mide el número total de usuarios únicos que vieron un contenido?

a. *Engagement.*
b. Tasa de conversión.
c. Alcance.
d. Impresiones.

38.¿Cuál es una herramienta de automatización de *marketing*?

   a. Zendesk.

   b. Zoho CRM.

   c. Pardot.

   d. Trello.

39.¿Cuál es una herramienta para la gestión de proyectos de *marketing*?

   a. Zendesk.

   b. Zoho CRM.

   c. Pardot.

   d. Trello.

40.¿Qué herramienta facilita la gestión de *chats* y la atención al cliente?

   a. Zendesk.

   b. Zoho CRM.

   c. Pardot.

   d. Trello.

Solucionario

Módulo 1. *E-commerce*

1. c	**6.** c
2. b	**7.** b
3. c	**8.** b
4. b	**9.** b
5. c	**10.** c

Módulo 2. Administración electrónica

1. c	**6.** c
2. b	**7.** b
3. b	**8.** c
4. d	**9.** c
5. b	**10.** c

Módulo 3. *Email Marketing*

1. b	**6.** a
2. c	**7.** c
3. b	**8.** c
4. b	**9.** b
5. c	**10.** d

Bibliografía

Monografías

BORONAT, D., PALLARES E. (2012). *Cómo convertir un Me Gusta en una compra.* Ediciones Gestión 2000.

> El libro arroja luz sobre cómo las redes sociales están revolucionando nuestra forma de descubrir productos, buscar recomendaciones y dejarnos influir, resaltando cómo el comportamiento social se traduce en comportamiento de compra. Explora en profundidad las principales redes sociales que impulsan el comercio electrónico, ofrece claves para interactuar con potenciales clientes en diferentes entornos y subraya la importancia de una gestión única pero coordinada de todas estas estrategias en el complejo mundo del comercio social.

HERNÁNDEZ RAMOS, E. M. (2018). *Manual del comercio electrónico: técnicas, modelos, normativa y casos prácticos.* Marge Books.

> Este libro, una guía exhaustiva y práctica para la gestión exitosa del comercio electrónico, proporciona conocimientos, técnicas y modelos esenciales para desarrollar estrategias y plataformas en línea, abordando aspectos legales, logísticos y de *marketing*. Los contenidos están organizados en 200 fichas independientes, cada una resolviendo un tema específico con ejemplos y casos prácticos.

RODRÍGUEZ ARDURA, I. (2014). *Marketing digital y comercio electrónico*. Pirámide.

> Este libro proporciona una visión completa y aplicada del marketing digital, utilizando ejemplos de compañías líderes como Amazon, eBay y Google, para mostrar cómo Internet y las redes sociales pueden usarse para agregar valor a los clientes y lograr objetivos comerciales. Además de las tácticas publicitarias, el libro también cubre el uso de medios digitales y tecnologías avanzadas en investigación de mercados, innovación, la participación del consumidor en la propuesta de valor, la competencia y la implementación de iniciativas de comercio electrónico seguras e integradas.

VILLANUEVA, JULIÁN (2017). *Marketing estratégico*. EUNSA.

> El ámbito del marketing está en plena transformación. A pesar de la reducción en los presupuestos publicitarios debido a la crisis económica, el mayor desafío proviene de la digitalización que afecta a todas las áreas: desde productos hasta el proceso de compra del cliente. Si bien los profesionales con formación tradicional en marketing cuestionan si los fundamentos que aprendieron siguen siendo válidos, la realidad muestra que muchos elementos tradicionales aún persisten: los vendedores siguen siendo esenciales y la televisión mantiene su relevancia en la publicidad. No obstante, los responsables de marketing sienten una presión creciente para adaptarse a nuevas herramientas y técnicas digitales, desde SEO hasta *big data*. Este libro, creado por profesores del IESE y colaboradores, busca ofrecer una perspectiva actualizada y relevante del marketing, con un enfoque dirigido a la alta dirección.

Webgrafía

¿Cómo debes tributar a Hacienda con tu *e-commerce*?

https://www.famisenper.es/como-tributar-hacienda-e-commerce/

Cuáles son los protocolos de seguridad de la información

https://clinic-cloud.com/blog/protocolos-de-seguridad-de-la-informacion/

Mejores 10 plataformas de ecommerce en 2024

https://getquipu.com/blog/mejores-plataformas-ecommerce/

***M-commerce*: Adaptar el comercio electrónico para móviles**

https://www.iebschool.com/blog/m-commerce-que-es-e-commerce/

Psicología de la colocación de productos en anaqueles de Supermercados

https://neuromarketing.la/2018/06/psicologia-de-la-colocacion-de-productos-en-anaqueles/

¿Qué es el comercio electrónico? Lanzamiento y crecimiento de un canal de venta por *Internet*

https://sell.amazon.com/es/learn/what-is-ecommerce

¿Qué es la Automatización de Procesos Empresariales (BPA)?

https://www.processmaker.com/es/blog/what-is-business-process-automation-bpa/

Qué es un plan de *marketing* y cómo crearlo

https://blog.hubspot.es/marketing/generador-plan-de-marketing